LA IA COMO HERRAMIENTA ACADÉMICA: SU USO ÉTICO PARA ELABORAR TRABAJOS DE FIN DE GRADO Y DE MÁSTER

Diego Barbadilla Mesa

LA IA COMO HERRAMIENTA ACADÉMICA: SU USO ÉTICO PARA ELABORAR TRABAJOS DE FIN DE GRADO Y DE MÁSTER

EDITORIAL
UNIVERSIDAD DE SEVILLA

Sevilla 2025

Manuales Universitarios

EDITORIAL
UNIVERSIDAD DE SEVILLA

NÚM. 112   AÑO 2025

Con la colaboración de

Cubierta generada por inteligencia artificial con el modelo de lenguaje grande (LLM) de Open AI: GPT-4o

© Editorial Universidad de Sevilla 2025
   C/ Porvenir, 27 - 41013 Sevilla.
   Tfnos.: 954 487 447; 954 487 451
   Correo electrónico: info-eus@us.es
   Web: https://editorial.us.es
© Diego Barbadilla Mesa 2025

Impreso en papel ecológico
Impreso en España-Printed in Spain
ISBN 978-84-472-2703-7
Depósito legal: SE 1339-2025

Maquetación: Dosgraphic, s.l. (dosgraphic@dosgraphic.es)
Impresión: Podiprint

ÍNDICE

PRÓLOGO

La elaboración de trabajos académicos de envergadura –sean estos Trabajos Fin de Grado, Fin de Máster u otros– se erige como una etapa culminante en la trayectoria formativa e investigadora. Este proceso, crisol donde se funden el rigor intelectual, la curiosidad metódica y la disciplina personal, representa un desafío considerable, a menudo acompañado de incertidumbre y una notable inversión de esfuerzo.

En este contexto, ya de por sí exigente, irrumpe con fuerza una tecnología disruptiva: la Inteligencia Artificial (IA) Generativa. Su presencia, cada vez más consolidada en el ámbito académico, se manifiesta como una herramienta de potencial extraordinario, capaz de asistir en tareas que abarcan desde la exploración bibliográfica hasta la generación inicial de textos complejos. No obstante, esta capacidad sin precedentes trae consigo responsabilidades ineludibles y suscita interrogantes éticos y pedagógicos de primer orden que demandan una reflexión profunda.

El presente volumen surge precisamente en esta encrucijada, impulsado por la convicción de que es posible –y necesario– transitar por este nuevo paradigma tecnológico con criterio, rigor ético y una perspectiva centrada en el aprendizaje significativo. Se reconoce la compleja amalgama de entusiasmo y aprensión que la IA puede suscitar tanto en aquellos que acometen la tarea investigadora como en quienes la guían. Los desafíos inherentes a la escritura académica –la búsqueda de una estructura coherente, la definición de una voz propia en el vasto océano del conocimiento– se ven ahora matizados por el diálogo con las capacidades casi ilimitadas de estos nuevos asistentes digitales.

Así pues, el propósito de estas páginas trasciende el mero manual técnico sobre herramientas de IA o el tratado puramente filosófico sobre sus implicaciones. Su aspiración es constituirse en una guía fundamentada y reflexiva que acompañe paso a paso en la elaboración de trabajos académicos, integrando la asistencia de la IA de manera que resulte, por encima de todo, ética, eficiente y enriquecedora desde la perspectiva intelectual. Se busca, por tanto, tender puentes entre la innovación tecnológica y los valores perennes de la integridad académica, el pensamiento crítico y la responsabilidad autoral.

El objetivo último es que este manual proporcione la claridad conceptual, las estrategias prácticas y la confianza necesarias para abordar la producción académica con rigor, creatividad y la seguridad de emplear las nuevas herramientas de forma consciente y beneficiosa para el desarrollo investigador y profesional. Afrontar este desafiante viaje intelectual con las herramientas y la forma adecuadas, tanto conceptuales como tecnológicas, es la clave para culminarlo con éxito, además de nuestro propósito, del que es ejemplo elocuente el proceso de elaboración de este prólogo.

Asunción Rodríguez Ramos

AGRADECIMIENTOS

El viaje que ha supuesto escribir este libro, inmerso en la fascinante y a veces compleja intersección entre la elaboración de la investigación académica y las herramientas emergentes de Inteligencia Artificial, ha sido una experiencia profundamente enriquecedora y estimulante. Un proyecto de esta naturaleza raramente es fruto del esfuerzo aislado; más bien, se nutre del diálogo, el apoyo y la generosidad intelectual de colegas y amigos que comparten su pasión por la educación y la búsqueda rigurosa del conocimiento.

En este sentido, deseo expresar mi más sincero agradecimiento a varios profesores cuya colaboración y ayuda han sido invaluables en distintas etapas de este trabajo. Mi gratitud se dirige a los profesores Adelaida Ciudad Gómez y Héctor Valentín Jiménez Naranjo, de la Universidad de Extremadura, por su disposición constante a compartir perspectivas y por el interés mostrado en esta línea de trabajo. Asimismo, agradezco sinceramente al profesor Antonio Camacho López, de la Universidad de Córdoba, por sus aportaciones y su apoyo constructivo.

Un reconocimiento muy especial, cargado de profundo agradecimiento y afecto, merecen las profesoras Asunción Rodríguez Ramos y Patrocinio Teresa Rodríguez Ramos, de la Universidad de Sevilla. Fueron ellas quienes, con su visión y entusiasmo contagioso, me animaron con decisión a embarcarme en la escritura del presente libro, reconociendo la necesidad de una guía práctica y éticamente fundamentada en este campo emergente. Más allá de su impulso inicial, su generosa colaboración en la redacción y, sobre todo, su minuciosa y paciente revisión de algunos capítulos han contribuido de manera inestimable a mejorar la calidad, la coherencia y la claridad de esta obra. Su compromiso con la excelencia académica y su apoyo incondicional han sido un pilar fundamental para llevar este proyecto a buen término.

Quiero extender también mi más profundo agradecimiento, especialmente, a mi colaborador Antonio Muñoz Hernández. Su labor detrás de escena ha sido fundamental; él ha sido el artífice y responsable incansable de las transmisiones de numerosos cursos, jornadas y seminarios, así como de la gestión de los chats que han permitido una interacción fluida y enriquecedora. Su ánimo constante y su impulso para seguir produciendo contenido de valor han sido un motor esencial en este camino.

Gracias al profesor Juan Torres López por su inestimable ayuda en la lectura, corrección y consejos, siempre desde un punto de vista profesional y basado en su vasta experiencia.

Si bien estoy profundamente en deuda con todos ellos por su valiosa ayuda e inspiración, cualquier error u omisión que pueda permanecer en estas páginas es, por supuesto, de mi entera responsabilidad.

Diego BARBADILLA MESA

INTRODUCCIÓN GENERAL

Los trabajos académicos –sean Trabajos Fin de Grado o Fin de Máster– se erigen como piezas angulares en la formación universitaria y de posgrado. Son espacios donde los estudiantes deben demostrar no solo el dominio de los conocimientos adquiridos, sino también su capacidad para investigar, analizar críticamente y comunicar hallazgos de manera rigurosa y original. En paralelo, el mundo académico, como tantos otros ámbitos, está siendo profundamente transformado por la irrupción y rápida adopción de la Inteligencia Artificial (IA), especialmente en sus formas generativas. Los modelos de lenguaje grandes (LLMs) y otras herramientas asociadas ofrecen posibilidades inéditas para asistir en tareas tradicionalmente arduas del proceso de investigación y escritura, prometiendo una mayor eficiencia y nuevas vías de exploración.

Sin embargo, esta revolución tecnológica no está exenta de complejidades y riesgos. La facilidad con la que la IA puede generar contenido plantea serios desafíos a los conceptos tradicionales de autoría, originalidad y evaluación. Surgen preocupaciones legítimas sobre el plagio involuntario o deliberado, la posible erosión del pensamiento crítico si las herramientas se usan de forma pasiva, la fiabilidad de la información generada («alucinaciones»), los sesgos inherentes a los algoritmos y la necesidad de mantener una integridad académica intachable. Nos encontramos, por tanto, ante un arma de doble filo: un enorme potencial para impulsar la investigación, acompañado de una necesidad imperiosa de establecer marcos de uso éticos, responsables y pedagógicamente sólidos.

Este libro nace precisamente para abordar esta necesidad crítica. Su objetivo principal es proporcionar a los estudiantes y a sus tutores una guía completa, práctica y fundamentada para afrontar el proceso de elaboración de trabajos académicos en este nuevo contexto tecnológico.

No se trata de abogar por un uso acrítico de la IA, ni tampoco de rechazarla por completo, sino de promover una integración estratégica, ética y consciente

que potencie las capacidades del estudiante sin comprometer los valores fundamentales de la academia.

El enfoque de esta obra es eminentemente práctico, buscando ofrecer estrategias concretas, ejemplos claros y flujos de trabajo aplicables. Sin embargo,
esta practicidad está siempre anclada a dos pilares esenciales: la ética académica
y los principios pedagógicos basados en la investigación sobre cómo aprenden
las personas (Ambrose *et al.*, 2010). Creemos firmemente que la tecnología debe
estar al servicio del aprendizaje significativo, la autonomía intelectual y el desarrollo de competencias críticas, no a la inversa. Por ello, a lo largo de estas páginas se entrelazan las instrucciones sobre el uso de herramientas específicas con
reflexiones sobre la responsabilidad autoral, la verificación de la información, la
transparencia y el fomento de habilidades metacognitivas.

La estructura del libro sigue una progresión lógica a lo largo de cinco
capítulos:

— El capítulo 1 establece las bases conceptuales y, fundamentalmente, éticas, definiendo qué implica usar la IA de forma responsable en la producción académica.

— El capítulo 2 se sumerge en el ecosistema de herramientas de IA adecuadas, ofreciendo criterios de selección y detallando flujos de trabajo prácticos para las fases iniciales y la revisión bibliográfica.

— El capítulo 3 se centra específicamente en la construcción asistida por IA de
una sección crucial en muchos trabajos: el Marco Teórico, desde el mapeo
conceptual hasta la redacción inicial.

— El capítulo 4 aborda la redacción del borrador integrado, ofreciendo estrategias para componer cada sección principal (introducción, metodología,
resultados, discusión, conclusiones) con asistencia controlada de IA y rein-
troduciendo consideraciones éticas específicas.

— Finalmente, el capítulo 5 guía al lector en la elaboración final del trabajo
académico (refinamiento, verificación crítica) y en la preparación para la
presentación y defensa, explorando cómo la IA puede ayudar a sintetizar el
trabajo y crear soportes visuales efectivos.

Cada capítulo incluye objetivos de aprendizaje claros, desarrollo temático
detallado, estudios de caso ilustrativos, ejercicios prácticos y de reflexión, resúmenes, conclusiones, glosarios de términos clave y sugerencias de lecturas complementarias, buscando facilitar una experiencia de aprendizaje activa y completa.

En última instancia, este libro aspira a ser un recurso valioso que empodere
a estudiantes y tutores para aprovechar las ventajas de la Inteligencia Artificial
en la academia, no como un atajo, sino como un catalizador para una investigación más eficiente, una escritura más sólida y, sobre todo, un aprendizaje más
profundo y consciente, preparándolos para los desafíos académicos y profesionales del futuro.

CAPÍTULO 1.
ELABORACIÓN ÉTICA DEL BORRADOR DE TRABAJOS ACADÉMICOS CON ASISTENCIA DE INTELIGENCIA ARTIFICIAL

1.0. INTRODUCCIÓN: LOS TRABAJOS ACADÉMICOS EN LA ERA DE LA INTELIGENCIA ARTIFICIAL

1.0.1. El desafío de la escritura académica en la educación superior: el trabajo académico como hito

La culminación de estudios universitarios o de posgrado frecuentemente se materializa en la elaboración de un trabajo académico sustancial: trabajo fin de grado (TFG) o trabajo fin de máster (TFM). Este proyecto no solo representa la síntesis de los conocimientos adquiridos, sino que también constituye un ejercicio riguroso de investigación, análisis crítico y, fundamentalmente, de escritura académica especializada. Para muchos estudiantes, estos trabajos suponen un desafío considerable, demandando habilidades avanzadas en la gestión de información, la estructuración de argumentos complejos y la redacción clara y coherente, todo ello bajo estándares académicos exigentes y plazos definidos. La presión por producir un trabajo original y de alta calidad puede generar ansiedad y otras dificultades, haciendo de la fase de elaboración del borrador una etapa crítica y a menudo ardua del proceso.

1.0.2. La irrupción de la Inteligencia Artificial (IA) en el ámbito académico

En este contexto de desafíos académicos, la reciente y acelerada irrupción de la Inteligencia Artificial (IA), particularmente la IA Generativa, está transformando radicalmente diversas esferas, incluyendo la educación superior y la investigación científica (Lugo Sánchez, 2023). Herramientas basadas en IA, como los modelos de lenguaje grandes (LLMs), ofrecen capacidades sin precedentes para procesar información, generar texto, traducir idiomas y asistir en múltiples tareas relacionadas con la producción académica.

— **Oportunidades y potenciales beneficios para la investigación.** La IA presenta oportunidades significativas para optimizar y enriquecer el proceso de elaboración de trabajos académicos. Como se señala en discusiones sobre su aplicación (Resumen del Video: TFM Máster Relaciones Laborales, s.f.), estas herramientas pueden apoyar desde la definición del tema y la estructuración del marco teórico hasta la revisión bibliográfica y la generación de borradores iniciales. Pueden ayudar a identificar lagunas en la investigación, sugerir bibliografía pertinente y mejorar la eficiencia en la gestión de grandes volúmenes de información (Lugo Sánchez, 2023). El potencial para «ahorrar tiempo» y «mejorar procesos» es considerable, siempre que se utilicen de manera adecuada (Resumen del Video: TFM Máster Relaciones Laborales, 07:00).

— **Riesgos y consideraciones éticas emergentes.** La potencia de estas herramientas conlleva riesgos inherentes y plantea serios dilemas éticos. La facilidad con la que la IA puede generar texto eleva la preocupación por el plagio, la falta de originalidad y la posible disminución del desarrollo del pensamiento crítico en los estudiantes (Baena, s. f., como se citó en Lugo Sánchez, 2023, p. 11). Asimismo, la «integridad académica podría ponerse en entredicho si la IA se utiliza mal» (Lugo Sánchez, 2023, p. 11). Existe también el peligro de un «uso poco ético y […] poco eficiente» si no se comprenden las herramientas y sus implicaciones (Resumen del Video: TFM Máster Relaciones Laborales, 07:00). Al respecto, la *Guía para Uso Ético de la Inteligencia Artificial* (Lugo Sánchez, 2023) subraya la necesidad de transparencia, verificación de información y responsabilidad en el uso de estas tecnologías, advirtiendo contra la «deshonestidad académica» y la generación de «*prompts* estratégicos» sin una base crítica (p. 9).

1.0.3. Objetivos de aprendizaje de este capítulo

Este capítulo está diseñado para los estudiantes y sus tutores. Al finalizar su estudio, serán capaces de:

— Comprender el potencial y las limitaciones de las herramientas de IA Generativa aplicadas a la escritura académica, específicamente en la fase de borrador.

— Identificar y aplicar principios éticos fundamentales para el uso responsable de la IA en la investigación y redacción académica, asegurando la integridad.

— Utilizar estratégicamente diversas herramientas de IA para apoyar las distintas etapas de elaboración del borrador (planificación, revisión bibliográfica, redacción asistida y revisión), maximizando la eficiencia sin comprometer la originalidad ni el rigor académico.

— Desarrollar habilidades de pensamiento crítico y metacognición (siguiendo los principios de Ambrose *et al.*, 2010, como el monitoreo del propio aprendizaje) para evaluar, refinar y apropiarse del contenido generado o asistido por IA, manteniendo siempre la voz autoral.

— Fomentar un diálogo constructivo entre estudiantes y tutores sobre el uso ético y efectivo de la IA en el proceso académico.

1.0.4. Estructura y hoja de ruta del capítulo

Para alcanzar estos objetivos, el capítulo sigue una estructura precisa. Primero, estableceremos los fundamentos conceptuales sobre el borrador académico, la IA Generativa y los principios éticos clave. En segundo lugar, abordaremos de manera práctica cómo aplicar la IA en las distintas fases de elaboración del borrador, destacando consideraciones éticas específicas en cada etapa. A continuación, ofreceremos un panorama de herramientas de IA relevantes y, posteriormente, presentaremos un estudio de caso ilustrativo, mostrando un itinerario ético y contrastándolo con un uso no ético. En quinto lugar, propondremos ejercicios prácticos y preguntas de reflexión para consolidar el aprendizaje. Finalmente, concluiremos con un resumen, conclusiones y algunos recursos adicionales, como un glosario y lecturas recomendadas. A lo largo del capítulo, se integrarán perspectivas de la investigación sobre el aprendizaje (Ambrose *et al.*, 2010) para fomentar un enfoque activo y reflexivo.

1.1. FUNDAMENTOS CONCEPTUALES Y ÉTICOS

1.1.1. ¿Qué entendemos por «borrador» de un trabajo académico? Fases y expectativas

El «borrador» de un trabajo académico no es simplemente un primer intento desordenado, sino una versión sustancial y estructurada del trabajo que, aunque incompleta o perfectible, ya contiene los elementos centrales de la investigación: una introducción clara, un marco teórico fundamentado, una metodología definida, un desarrollo argumental coherente (aunque sea preliminar en resultados o discusión) y unas conclusiones tentativas. Es la materialización inicial del proyecto de investigación, la base sobre la cual se construirá la versión final a través de procesos iterativos de revisión, retroalimentación (Hattie, 2012) y refinamiento. La elaboración del borrador implica integrar el conocimiento previo del estudiante (principio 1 de Ambrose *et al.*, 2010), organizar ideas complejas (principio 2 de Ambrose *et al.*, 2010) y comenzar a dar forma escrita al pensamiento académico. Es una fase crucial donde se identifican fortalezas, debilidades y áreas que requieren mayor profundización.

1.1.2. Inteligencia Artificial Generativa: herramientas clave para la escritura

La Inteligencia Artificial Generativa (IA Generativa) es una rama de la IA capaz de crear contenido nuevo y original (texto, imágenes, código, etc.) a partir de los datos con los que ha sido entrenada (Naciones Unidas, 2023, como se citó en Lugo Sánchez, 2023, p. 14).

— **Modelos de lenguaje grandes (LLMs): capacidades y limitaciones.** En el corazón de muchas herramientas de IA para escritura se encuentran los LLMs (como los que impulsan a ChatGPT, Gemini, Sonnet, etc.). Estos modelos procesan y generan lenguaje natural con una fluidez sorprendente. Sus capacidades incluyen resumir textos, responder preguntas, traducir, redactar diferentes tipos de contenido y mantener conversaciones coherentes. Sin embargo, es crucial entender sus limitaciones: no «comprenden», en el sentido humano de la palabra, pueden generar información incorrecta o sesgada («alucinaciones»), su conocimiento está limitado a los datos de entrenamiento y no poseen pensamiento crítico ni conciencia ética intrínseca (Lugo Sánchez, 2023; Resumen del Video: TFM Máster Relaciones Laborales, 08:18-10:38). Su rendimiento, por tanto, depende en gran medida de la calidad de las instrucciones (*prompts*) que reciben.

— **Asistentes de investigación y redacción: tipologías.** Basados en LLMs y otras tecnologías, han surgido diversas herramientas que actúan como asistentes. La *Guía para Uso Ético de la IA* (Lugo Sánchez, 2023, pp. 22-44) clasifica varias tipologías útiles para el contexto académico.

  • *Asistentes de investigación:* ayudan a encontrar artículos y obtener consensos académicos (p. ej., Consensus, Elicit).

  • *Asistentes avanzados:* combinan búsqueda, generación de texto y, a veces, análisis (p. ej., Perplexity, ChatGPT).

  • *Herramientas con teoría de grafos:* visualizan conexiones entre publicaciones (p. ej., Research Rabbit, Connected Papers).

  • *Conversadores de textos:* permiten «dialogar» con documentos PDF (p. ej., ChatPDF, AskYourPDF).

  • *Herramientas de apoyo a la escritura y ética:* aportan revisión gramatical, parafraseo y detección de plagio (p. ej., Grammarly, Cite this for me, ChatGPT Zero).

1.1.3. El pilar fundamental: la ética en la investigación y la escritura académica

El uso de herramientas tan potentes como la IA Generativa exige una reflexión ética profunda y un compromiso inquebrantable con la integridad académica.

— **Integridad académica: principios irrenunciables.** La integridad académica se basa en la honestidad, la confianza, la justicia, el respeto, la responsabilidad y el coraje en el ámbito educativo y de investigación. Implica atribuir correctamente las fuentes, presentar datos veraces, realizar un trabajo original y asumir la responsabilidad por las propias acciones.

— **Plagio y deshonestidad académica en el contexto de la IA.** La facilidad para generar texto con IA redefine y agudiza el problema del plagio. Presentar como propio texto generado por IA, sin la debida atribución o sin una reelaboración sustancial que refleje el pensamiento del autor, constituye una grave falta de integridad académica (Lugo Sánchez, 2023, p. 11). También lo es el uso indebido de estas herramientas para obtener respuestas en exámenes o realizar tareas sin el esfuerzo intelectual requerido. Las herramientas de detección de plagio por IA existen, pero no son infalibles y requieren una «revisión humana» (Evol Mind, 2023, como se citó en Lugo Sánchez, 2023, p. 33).

— **Transparencia y declaración de uso de IA.** Un principio ético clave es la transparencia. Los estudiantes e investigadores deben ser claros sobre cómo y qué herramientas de IA han utilizado en su trabajo. Esto no solo es una cuestión de honestidad, sino que también permite a los evaluadores (tutores, comités) comprender el proceso de elaboración y valorar adecuadamente la contribución intelectual del autor (Resumen del Video: TFM Máster Relaciones Laborales, 14:26; Lugo Sánchez, 2023, p. 10, 50). Se recomienda, por tanto, incluir una declaración específica en el trabajo académico detallando las herramientas usadas y su propósito.

1.1.4. Principios para un uso ético y eficaz de la IA en los trabajos académicos, inspirados en el decálogo y el marco pedagógico de Ambrose *et al.*, 2010

La *Guía para Uso Ético de la IA* (Lugo Sánchez, 2023, pp. 19-20, 51-53) propone un decálogo. Adaptando y complementando estos principios con el marco de Ambrose *et al.* (2010), podemos establecer una base sólida para la elaboración del borrador académico.

1. **Responsabilidad académica y validación ética (decálogo 1, 2).** Verificar siempre la confiabilidad y veracidad de la información proporcionada por la IA y contrastar con fuentes primarias y el propio *expertise*. Según Ambrose, esto se relaciona con la necesidad de «práctica dirigida

y retroalimentación» (principio 5), donde la IA es una fuente de información inicial, pero la validación es una forma de autoevaluación y búsqueda de retroalimentación más fiable.

2. **Responsabilidad social (decálogo 3).** Considerar el impacto potencial de la investigación y el uso ético de la IA en ese contexto. En relación con Ambrose, el «clima social, emocional e intelectual» (principio 6) del contexto académico y social más amplio influye y es influido por estas prácticas.

3. **Formación y enriquecimiento propio (decálogo 4).** Usar la IA para complementar y enriquecer el conocimiento propio, no para sustituir el esfuerzo de aprendizaje. En relación con Ambrose, la IA debe fomentar la «metacognición» (principio 7), llevando al estudiante a reflexionar sobre cómo está usando la herramienta para aprender y no solo para producir.

4. **Verificación y citación rigurosa (decálogo 5).** Verificar toda información y citar adecuadamente tanto las fuentes tradicionales como el uso de la IA (Resumen del Video: TFM Master Relaciones Laborales, 26:15).

5. **IA como oportunidad, no como atajo (decálogo 6).** Utilizar la IA para explorar nuevas ideas y agilizar procesos, pero siempre manteniendo una reflexión profunda y crítica sobre los resultados. Según Ambrose, esto se vincula con la «motivación» (principio 3); si la IA se ve solo como un atajo, la motivación será extrínseca y el aprendizaje superficial.

6. **Uso responsable y solidario (decálogo 7).** Implementar la IA de forma ética y ser consciente de las brechas de acceso.

7. **Pensamiento crítico como eje (decálogo 8).** Parafrasear, analizar y sintetizar la información de la IA desde la propia perspectiva en lugar de aceptarla pasivamente. En Ambrose, se relaciona con la «organización del conocimiento» (principio 2); la IA puede proponer estructuras, pero el estudiante debe organizarlas significativamente.

8. **IA como asistente, no como autor (decálogo 9).** Ver la IA únicamente como una herramienta de apoyo en la recopilación, organización y redacción inicial, reservando la autoría y la responsabilidad final al investigador.

9. **Rendición de cuentas (decálogo 10).** Asumir la responsabilidad por cualquier error, sesgo o plagio derivado del uso de la IA.

10. **Transparencia.** Declarar explícitamente el uso de herramientas de IA en el trabajo final.

1.2. FASE PRÁCTICA: APLICACIÓN DE LA IA EN LA ELABORACIÓN DEL BORRADOR

Esta sección aborda, desde un enfoque eminentemente práctico, cómo las herramientas de la IA pueden integrarse de manera ética y efectiva en las distintas fases de elaboración del borrador académico. Es fundamental recordar que la IA actúa como un asistente (decálogo 9; Lugo Sánchez, 2023), potenciando las capacidades del estudiante, pero nunca reemplazando su responsabilidad intelectual, su pensamiento crítico y su compromiso con la integridad académica. La aplicación de principios pedagógicos, como la metacognición (Ambrose *et al.*, 2010, principio 7) y la activación del conocimiento previo (Ambrose *et al.*, 2010, principio 1), resulta crucial al interactuar con estas tecnologías.

1.2.1. Fase 1: planificación, delimitación del tema y estructuración del marco teórico

Esta fase inicial sienta las bases del trabajo académico. La claridad en el tema, los objetivos y la estructura teórica es vital. La IA puede ser un aliado valioso, pero requiere una guía precisa y una evaluación crítica constante.
— **Definición y refinamiento del tema con asistencia de IA**
  - *Uso práctico.* Utilizar asistentes avanzados (como Perplexity o Gemini) o asistentes de investigación (Consensus o Elicit) para explorar áreas temáticas amplias, relacionadas con los intereses del estudiante y el plan de estudios. Se pueden formular preguntas como: «¿Cuáles son las líneas de investigación emergentes en [campo de estudio]?», «¿Qué vacíos temáticos existen en la literatura sobre [tema preliminar]?», «Genera 10 posibles temas de trabajo académico basados en las asignaturas [listar asignaturas clave], considerando su impacto social y pertinencia actual». (Barbadilla, 2025; Lugo Sánchez, 2023).
    - Un ejemplo de *prompt* para Perplexity podría ser: «Actúa como un asesor académico. Estoy interesado en el campo de [campo de estudio general, p. ej., psicología educativa]. Considerando las tendencias actuales y los debates en este campo, ¿cuáles son 3-5 subtemas emergentes o áreas con vacíos de conocimiento que podrían ser adecuados para un Trabajo Fin de Máster? Para cada subtema, proporciona una breve justificación de su relevancia y una posible pregunta de investigación inicial».
  - *Aplicación Pedagógica* (Ambrose *et al.*, 2010). Este proceso activa el conocimiento previo del estudiante sobre las asignaturas (principio 1) y le ayuda a organizar sus ideas iniciales (principio 2). La IA puede presentar conexiones inesperadas, fomentando la curiosidad (motivación, principio 3).

- *Consideración Ética Clave.* El estudiante debe evaluar críticamente las sugerencias de la IA, verificando su relevancia, originalidad y viabilidad dentro del contexto académico y sus propios intereses. La elección final del tema es una decisión humana basada en un criterio académico (decálogo 1, 8).

— **Formulación de objetivos y preguntas de investigación: apoyo de IA**

- *Uso práctico.* Una vez definido el tema, se pueden usar LLMs (ChatGPT o Gemini), introduciendo el tema y solicitando ayuda para formular objetivos SMART (específicos, medibles, alcanzables, relevantes, con plazo) o preguntas de investigación claras y enfocadas.
  - Un ejemplo de *prompt* para ChatGPT o Gemini podría ser: «Dado el tema de investigación '[título provisional del trabajo académico]' y la pregunta general de investigación '[pregunta principal]', redacta 3 objetivos generales y 5 objetivos específicos que guíen la investigación. Asegúrate de que los objetivos específicos sean SMART y estén alineados con el objetivo general y la pregunta. Utiliza verbos de acción apropiados para cada tipo de objetivo».
- *Aplicación Pedagógica* (Ambrose *et al.*, 2010). La IA puede ayudar a estructurar el pensamiento, pero el estudiante debe monitorear (metacognición, principio 7) si los objetivos reflejan realmente su intención investigadora y si las preguntas son genuinamente relevantes.
- *Consideración Ética Clave.* No aceptar ciegamente las formulaciones de la IA. Se debe revisar, refinar y asegurar que los objetivos y preguntas sean propios y respondan a una inquietud intelectual genuina (decálogo 8).

— **Construcción del marco teórico: herramientas AI para identificar conceptos clave y bibliografía pertinente**

- *Uso práctico.* Utilizar herramientas como Elicit, Consensus o Research Rabbit, o asistentes avanzados (con *prompts* específicos) para identificar teorías relevantes, autores clave y conceptos fundamentales asociados al tema.
  - Un ejemplo de *prompt* para Elicit podría ser: «Para el tema [tema específico], ¿cuáles son los marcos teóricos más comúnmente aplicados en la literatura académica reciente (últimos 5 años)? Resume brevemente cada uno y lista 2-3 artículos seminales o revisiones críticas para cada marco».
  - Herramientas como Research Rabbit pueden visualizar redes de conocimiento (Lugo Sánchez, 2023; Barbadilla, 2025).
- *Aplicación Pedagógica* (Huston, 2009; Ambrose *et al.*, 2010). La IA puede ayudar a navegar áreas inicialmente desconocidas del marco teórico (activación del conocimiento previo, principio 1), pero requiere que el estudiante investigue activamente las fuentes sugeridas para comprenderlas en profundidad (práctica y retroalimentación, principio 5).

- *Consideración Ética Clave.* Validar la pertinencia y actualidad de las teorías y fuentes sugeridas. La IA puede tener sesgos o desconocer desarrollos muy recientes. La construcción del marco teórico implica una síntesis crítica realizada por el estudiante, no una mera agregación de información proporcionada por la IA (decálogo 1, 5, 8).

1.2.2. Fase 2: Revisión bibliográfica y gestión de fuentes

Una revisión bibliográfica sólida es esencial en cualquier trabajo académico. La IA puede acelerar significativamente este proceso, pero la evaluación crítica y la síntesis siguen siendo tareas humanas fundamentales.

— **Herramientas IA para la búsqueda y análisis bibliográfico**
  - *Uso práctico.* Además de las bases de datos tradicionales (Scopus o WoS), que ahora integran IA (Barbadilla, 2025), se pueden usar herramientas como Undermind (Barbadilla, 2025), Research Rabbit, Connected Papers (Lugo Sánchez, 2023, pp. 37, 39) para encontrar artículos relacionados, identificar estudios influyentes y visualizar el panorama de la investigación. Por su parte, Perplexity (con foco académico) también puede buscar literatura específica.
    - Un ejemplo de flujo de trabajo puede ser:
      1. Comenzar con una búsqueda en Scopus o WoS, usando palabras clave y operadores booleanos.
      2. Exportar los 2 o 3 artículos más relevantes (DOIs o títulos) a Research Rabbit o Connected Papers.
      3. Explorar los grafos generados para identificar «semilleros» de artículos (*papers* seminales), trabajos más recientes que citan a los iniciales y autores clave en el campo. (Sugerencia visual: incluir un pequeño diagrama de flujo, mostrando este proceso de exploración).
      4. Utilizar Elicit o Perplexity con preguntas específicas derivadas de los hallazgos iniciales para refinar la búsqueda o explorar subtemas.
  - *Aplicación Pedagógica* (Hattie, 2012; Ambrose *et al.*, 2010). La visualización de redes (Research Rabbit o Connected Papers) puede hacer visible el impacto y las conexiones entre estudios (organización del conocimiento, principio 2 de Ambrose), facilitando la comprensión del campo. La retroalimentación de estas herramientas (nuevos artículos sugeridos) debe ser procesada activamente.
  - *Consideración Ética Clave.* Ser consciente de las limitaciones de las bases de datos de cada herramienta, diversificar las fuentes de búsqueda y no confiar únicamente en los *rankings* de relevancia de la IA; es decir, aplicar criterio propio (decálogo 1).

— **Evaluación crítica de fuentes: el rol insustituible del investigador**
  * *Uso práctico.* Una vez identificados los artículos potenciales (idealmente entre 30 y 50 para empezar, como sugiere el video TFM 1:01:46), el estudiante debe evaluar su calidad, metodología, rigor argumentativo y relevancia para su trabajo, pues la IA no puede realizar esta evaluación crítica de manera fiable. Los criterios pueden incluir: actualidad, factor de impacto de la revista, rigor metodológico, solidez de los argumentos y reputación del autor/institución.
  * *Aplicación Pedagógica* (Ambrose *et al.*, 2010). Esta es una habilidad de investigación fundamental que no debe delegarse. Supone aplicar criterios de evaluación aprendidos durante la formación universitaria y desarrollar un juicio académico propio (desarrollo de maestría, principio 4; metacognición, principio 7).
  * *Consideración Ética Clave.* La responsabilidad de seleccionar fuentes válidas y pertinentes recae enteramente en el estudiante (decálogo 1, 9).
— **Asistentes para resumir y analizar textos (con supervisión)**
  * *Uso práctico.* Herramientas como NotebookLM (Resumen TFM, 20:59), ChatPDF, AskYourPDF o Perplexity (con carga de archivos) permiten subir artículos (PDFs) y hacer preguntas específicas sobre su contenido: «¿Cuál es la metodología utilizada?», «¿Cuáles son las principales conclusiones?», «Resume los argumentos del autor sobre [concepto X]», «Identifica las limitaciones mencionadas en este estudio» (Guía Ética AI, pp. 41-44). Esto agiliza la comprensión inicial de un gran volumen de textos.
    ○ Un posible ejemplo de *prompt* para NotebookLM con varios PDFs cargados sería: «Compara las definiciones de [concepto clave] presentadas en los documentos [nombre_doc1.pdf] y [nombre_doc2.pdf]. ¿Cuáles son las similitudes y diferencias principales?».
  * *Aplicación Pedagógica* (Ambrose *et al.*, 2010). Ayuda a gestionar la carga cognitiva, permitiendo al estudiante enfocarse en los aspectos más relevantes de cada artículo para su investigación, y fomenta la formulación de preguntas específicas (práctica dirigida, principio 5).
  * *Consideración Ética Clave.* ¡Leer los artículos completos es indispensable! Los resúmenes de IA son un punto de partida, no un sustituto de la lectura crítica y profunda. Es necesario verificar siempre la exactitud de las respuestas de la IA, contrastándolas con el texto original (decálogo 1, 8). Nunca se debe citar directamente un resumen de IA como si fuera el contenido original del artículo.
— **Consideración ética clave general: verificación de la información y evitación de sesgos algorítmicos. Citación adecuada (APA 7)**
  * Toda información obtenida con o mediante IA debe ser verificada rigurosamente (decálogo 1, 5), pues las IA pueden inventar referencias («alucinaciones») o interpretar incorrectamente los textos (Guía

Ética AI, p. 25). Es crucial, por lo tanto, triangular la información con fuentes primarias.

- Se debe ser consciente de que los algoritmos pueden tener sesgos (raciales, de género, geográficos) que se reflejen en los resultados de búsqueda o análisis.
- Es necesario utilizar gestores bibliográficos (muchos ahora con funciones IA) y seguir estrictamente las normas de citación (APA 7 o aquella requerida por la institución) para todas las fuentes consultadas, incluyendo la declaración del uso de IA (Resumen TFM, 22:39, 31:38).

1.2.3. Fase 3: redacción asistida del borrador

Esta es quizás la fase donde la IA Generativa ofrece las posibilidades más directas, pero también donde los riesgos éticos son mayores. El objetivo es usar la IA como un colaborador de ideas o un acelerador de la redacción inicial, no como un escritor fantasma.

— **Generación de texto inicial para secciones (con esquema previo)**
- *Uso práctico*. Utilizar LLMs (ChatGPT o Gemini) para generar borradores iniciales de secciones específicas (p. ej., introducción, descripción de metodología y partes del marco teórico), basándose siempre en esquemas detallados, notas o artículos previos analizados por el estudiante.
  - Un ejemplo de *prompt* para ChatGPT o Gemini (basado en un esquema detallado proporcionado por el estudiante): «Actúa como un experto académico en [disciplina]. Basándote en el siguiente esquema para la sección de metodología de mi TFM [Pegar aquí el esquema detallado, que incluya: (1) Enfoque de investigación y justificación; (2) Diseño de la investigación; (3) Participantes/Muestra: criterios de selección, tamaño; (4) Instrumentos de recogida de datos, descripción; (5) Procedimiento de recogida de datos; y (6) Plan de análisis de datos], redacta un borrador inicial para esta sección (aproximadamente 800 palabras). Utiliza un tono formal y académico y asegúrate de que cada punto del esquema esté cubierto» (Resumen TFM, 2: Aplicaciones IA).
- *Aplicación Pedagógica* (Ambrose *et al.*, 2010). Puede ayudar a superar el «bloqueo del escritor» (motivación, principio 3) y a organizar ideas complejas (organización del conocimiento, principio 2). Permite visualizar rápidamente una estructura posible.
- *Consideración Ética Clave*. Este texto generado es solo un punto de partida. Debe ser tratado como material en bruto que requiere una profunda revisión, edición, reescritura y, sobre todo, una apropiación intelectual por parte del estudiante. Copiar y pegar directamente constituye plagio (decálogo 8, 9).

— **Ingeniería de *prompts*: cómo dar instrucciones efectivas a la IA**
  - *Uso práctico*. La calidad del resultado de la IA depende críticamente de la calidad del *prompt*. Es necesario ser específico, claro y proporcionar contexto suficiente. Incluir el rol deseado («Actúa como un experto en [campo]»), la tarea específica, el formato de salida, el tono, la audiencia y las restricciones (extensión, fuentes a usar o evitar). Es recomendable experimentar con diferentes *prompts* para obtener mejores resultados. (Guía Ética AI, pp. 9, 15, 17; Resumen TFM, 47:53-53:08).
    - Como ejemplo de *prompt* refinado, en lugar de «Escribe sobre el cambio climático», sería más efectivo: «Actúa como un divulgador científico. Escribe un párrafo introductorio de 150 palabras para un ensayo sobre el impacto del cambio climático en los ecosistemas árticos, dirigido a estudiantes universitarios no especializados. Enfócate en la urgencia del problema y menciona brevemente dos consecuencias principales. Utiliza un tono informativo pero accesible».
  - *Aplicación Pedagógica* (Ambrose *et al.*, 2010). Desarrollar habilidades de ingeniería de *prompts* es una competencia valiosa, pues implica pensar de forma estructurada y traducir objetivos complejos en instrucciones claras (metacognición, principio 7; desarrollo de maestría, principio 4).
  - *Consideración Ética Clave*. Formular *prompts* que fomenten la generación de ideas o estructuras, más que la redacción de conclusiones definitivas. Evitar *prompts* que busquen «hacer el trabajo» por el estudiante.
— **De la generación automática a la autoría propia: el proceso de revisión, reescritura y síntesis crítica**
  - *Uso práctico*. Una vez obtenido un texto inicial de la IA, comienza el verdadero trabajo intelectual.
    - **Verificar:** contrastar cada afirmación con las fuentes originales (si la IA las proporciona) o con el conocimiento propio.
    - **Evaluar:** analizar la coherencia, la lógica argumental, la profundidad y la originalidad.
    - **Reescribir:** modificar sustancialmente el texto con las propias palabras, estilo y voz del estudiante. Esto implica más que cambiar algunas palabras; a menudo, significa reestructurar frases, párrafos e incluso la argumentación.
    - **Integrar:** incorporar el propio análisis crítico, ideas originales y conexiones con otras partes del trabajo académico.
    - **Sintetizar:** combinar información de múltiples fuentes (incluyendo la IA como una fuente más, si se declara) en una nueva estructura argumental propia.
  - *Aplicación Pedagógica* (Ambrose *et al.*, 2010). Este proceso fomenta el aprendizaje profundo, ya que obliga al estudiante a procesar activamente la información (práctica dirigida, principio 5), conectarla con su

conocimiento existente (principio 1) y construir un nuevo significado (organización del conocimiento, principio 2). Es una práctica deliberada que desarrolla experticia (principio 4).

- *Consideración Ética Clave.* La autoría reside en este proceso de transformación y apropiación crítica, no en la generación inicial. El producto final debe reflejar el pensamiento y esfuerzo del estudiante (decálogo 8, 9).

— **Consideración ética clave general: la voz autoral y la contribución intelectual del estudiante. Evitar el «copiar y pegar»**

- El trabajo académico debe ser una expresión del pensamiento, análisis y voz del estudiante. La IA puede asistir, pero no debe opacar ni reemplazar la contribución intelectual genuina. El uso ético implica mantener el control editorial y la responsabilidad sobre cada palabra del borrador final (Resumen TFM, 30:34). La IA puede ser un buen *sparring partner*, pero no el púgil principal.

1.2.4. Fase 4: revisión, edición y mejora del borrador

Una vez que se tiene un borrador sustancial (elaborado con o sin asistencia significativa de IA en la fase anterior), la IA puede seguir siendo útil para pulirlo; pero, nuevamente, con supervisión humana y como complemento al juicio crítico del estudiante y la retroalimentación del tutor.

— **Herramientas AI para la revisión gramatical y de estilo**

- *Uso práctico.* Herramientas como Grammarly (Guía Ética AI, p. 34) u otras funciones integradas en procesadores de texto pueden identificar errores gramaticales, de puntuación y de estilo, así como sugerir mejoras en la claridad y concisión.
  - ○ Un ejemplo de uso con Grammarly podría ser, después de redactar una sección, pasarla por Grammarly para identificar errores comunes, pero también para considerar sugerencias de reformulación para mayor claridad o concisión. De esta manera, si Grammarly sugiere cambiar una frase pasiva a activa, evaluar si ese cambio es apropiado para el tono académico.
- *Aplicación Pedagógica* (Ambrose *et al.*, 2010). Ayudan a mejorar la calidad formal del texto, permitiendo al estudiante y al tutor centrarse en el contenido y la argumentación (práctica y retroalimentación, principio 5). El estudiante aprende de las correcciones si reflexiona sobre ellas.
- *Consideración Ética Clave.* Revisar críticamente las sugerencias de la IA. No todas son apropiadas para el contexto académico o el estilo deseado. Aceptar cambios sin comprenderlos no contribuye al aprendizaje (metacognición, principio 7).

— **Verificación de coherencia y argumentación: una tarea humana**

- *Uso práctico.* Si bien la IA puede señalar posibles inconsistencias (con *prompts* muy específicos, como por ejemplo: «¿Hay alguna contradicción lógica en los siguientes dos párrafos? [pegar párrafos]»), la evaluación profunda de la coherencia global, la solidez de la argumentación, la lógica de las transiciones y la profundidad del análisis sigue siendo una tarea fundamentalmente humana. Requiere de una lectura atenta y de pensamiento crítico.
- *Aplicación Pedagógica* (Ambrose *et al.*, 2010). Esta fase es crucial para la autoevaluación y la metacognición (principio 7). El estudiante debe ser capaz de juzgar la calidad de su propio trabajo.
- *Consideración Ética Clave.* No delegar la responsabilidad de la calidad argumentativa a la IA (decálogo 1, 8). La IA puede ayudar a estructurar, pero no a argumentar con profundidad y matices propios.

— **El papel del tutor en la revisión de borradores asistidos por IA**

- *Uso práctico.* El tutor juega un rol esencial. Debe estar informado sobre el uso de la IA por parte del estudiante (transparencia) y su retroalimentación debe centrarse no solo en el contenido, sino también en el proceso: ¿cómo usó el estudiante la IA? ¿Demuestra pensamiento crítico? ¿Hay evidencia de apropiación intelectual? El tutor debe guiar al estudiante para usar la IA como una herramienta de aprendizaje, no como una muleta (Resumen TFM, 5: Conclusiones y Recomendaciones). La retroalimentación efectiva es clave (Hattie, 2012).
  - Un ejemplo de pregunta del tutor sería: «Veo que has usado IA para generar el esquema inicial de esta sección. ¿Cómo decidiste qué sugerencias de la IA incorporar y cuáles descartar? ¿Qué cambios sustanciales hiciste al texto generado?».
- *Aplicación Pedagógica* (Ambrose *et al.*, 2010). El diálogo tutor-estudiante sobre el uso de IA puede ser una oportunidad de aprendizaje sobre ética, metodología y desarrollo de competencias digitales (clima del aula, principio 6; metacognición, principio 7).
- *Consideración Ética Clave.* Mantener una comunicación abierta y honesta sobre el uso de herramientas. El tutor debe adaptar sus estrategias de supervisión y evaluación.

— **Herramientas de detección de plagio (IA *vs.* IA) y sus limitaciones**

- *Uso práctico,* Herramientas como ChatGPT Zero (Guía Ética AI, p. 35) intentan detectar texto generado por IA. Sin embargo, su fiabilidad es limitada y pueden generar falsos positivos o negativos. No deben ser la única base para acusaciones de plagio.
- *Aplicación Pedagógica* (Ambrose *et al.*, 2010). Fomentar la comprensión de la ética y la autoría (principios 1, 6, 7) es más efectivo que depender

únicamente de herramientas de detección. La evaluación debe centrarse en el proceso y la demostración de aprendizaje.

- *Consideración Ética Clave*. Utilizar estas herramientas con cautela y siempre complementar con análisis cualitativo del trabajo y diálogo con el estudiante (decálogo 1). La mejor defensa contra el plagio es un trabajo original y bien referenciado.

— **Consideración ética clave general: la responsabilidad final sobre el contenido y la originalidad del trabajo**

- Independientemente de las herramientas utilizadas, el estudiante es el único responsable del contenido final y de su originalidad, exactitud y coherencia. La presentación del trabajo académico implica una declaración implícita de autoría y cumplimiento de las normas de integridad académica (decálogo 10).

1.3. HERRAMIENTAS DE IA: UN VISTAZO PRÁCTICO

A continuación, se presenta un resumen práctico de las categorías de herramientas mencionadas, basado en la *Guía Ética AI* (Lugo Sánchez, 2023) y el *Resumen del Video TFM*, enfocadas en la elaboración del borrador académico.

— **Asistentes de investigación (Consensus y Elicit)**

- *Función Principal*. Encontrar artículos científicos, responder preguntas basadas en evidencia académica e identificar consensos en la literatura.
- *Uso Ético en Borrador*. Ideales para la fase de planificación (explorar temas, vacíos) y revisión bibliográfica inicial (encontrar estudios clave basados en preguntas específicas). Ayudan a fundamentar afirmaciones con evidencia. Por ejemplo, usar Elicit para preguntar «¿Qué metodologías se usan comúnmente para estudiar X?» y obtener una lista de enfoques y artículos relevantes.
- *Precaución*. Verificar siempre las fuentes originales que citan. Su cobertura puede ser limitada.

— **Asistentes avanzados (Perplexity, Gemini y ChatGPT)**

- *Función Principal*. Combinan búsqueda web y académica con generación de texto conversacional, resumen, análisis (limitado) y lluvia de ideas.
- *Uso Ético en Borrador*. Útiles en todas las fases con supervisión, tales como planificación (ideas, objetivos), revisión bibliográfica (búsqueda, resumen inicial), redacción (borrador inicial, parafraseo ético de ideas propias) y revisión (sugerencias de estilo). Perplexity destaca por citar fuentes web y académicas. Un ejemplo sería usar ChatGPT con un esquema detallado para generar un primer borrador de una sección, que luego será masivamente reescrito y verificado.
- *Precaución*. Alta probabilidad de «alucinaciones» (inventar información/ fuentes), especialmente en ChatGPT sin *plugins*. Requieren *prompts* muy

específicos y verificación constante. Gemini (Google) suele tener mejor acceso a información reciente.

— **Herramientas con teoría de grafos (Research Rabbit y Connected Papers)**
  - *Función Principal.* Visualizar las conexiones (citas, coautorías) entre artículos científicos a partir de un artículo «semilla».
  - *Uso Ético en Borrador.* Excelentes para la revisión bibliográfica, permitiendo descubrir literatura relacionada relevante que podría pasarse por alto, comprender la estructura del campo de investigación y encontrar artículos seminales o recientes. Un ejemplo es introducir un artículo clave en Research Rabbit para ver qué otros trabajos lo citan y qué trabajos similares han sido publicados.
  - *Precaución.* La visualización es una ayuda, por lo que no sustituye la lectura y evaluación crítica de los artículos encontrados.
— **Conversadores de textos (ChatPDF, AskYourPDF, Perplexity con carga de archivos y NotebookLM)**
  - *Función Principal.* Permiten «chatear» con documentos PDF cargados, haciendo preguntas específicas sobre el contenido.
  - *Uso Ético en Borrador.* Muy útiles para la revisión bibliográfica intensiva, agilizando la extracción de información clave (metodología, resultados, argumentos) de múltiples artículos. NotebookLM permite trabajar con hasta 50 artículos simultáneamente (Resumen TFM, 21:27). Como ejemplo, se puede cargar un PDF en ChatPDF y preguntar «¿Cuál es la principal limitación de este estudio según el autor?».
  - *Precaución.* No reemplazan la lectura completa y crítica. Es necesario verificar las respuestas con el texto original. Pueden tener limitaciones en la comprensión de tablas complejas o lenguaje muy técnico.
— **Herramientas de apoyo ético y citación (asistentes éticos y gestores bibliográficos con IA)**
  - *Función Principal.* Asistentes como el creado por Lugo (Resumen TFM, 34:11) pueden responder dudas sobre ética en investigación basadas en fuentes específicas. Por su parte, gestores como Zotero, Mendeley, EndNote integran IA para mejorar la organización y sugerencia de referencias. También son útiles las herramientas de citación APA (Resumen TFM, 22:39).
  - *Uso Ético en Borrador.* Ayudan a mantener la rigurosidad ética y formal del trabajo y facilitan la correcta citación y gestión bibliográfica.
  - *Precaución.* Verificar siempre la corrección de las citas generadas y la aplicabilidad de los consejos éticos al contexto específico.
— **Criterios para seleccionar y utilizar herramientas de forma responsable**
  - *Propósito:* elegir la herramienta adecuada para la tarea específica (no usar ChatGPT para búsqueda bibliográfica rigurosa, por ejemplo, si se necesita alta fiabilidad de fuentes).

- *Transparencia:* preferir herramientas que citen sus fuentes (Perplexity o Elicit).
- *Privacidad:* revisar las políticas de privacidad, especialmente si se suben documentos sensibles.
- *Coste vs. Beneficio:* evaluar si las versiones de pago ofrecen ventajas significativas y éticamente justificables para la tarea en cuestión.
- *Verificación:* establecer como rutina la verificación cruzada de toda información generada por IA.
- *Declaración:* estar preparado para declarar qué herramientas se usaron y para qué propósito.

1.4. ESTUDIO DE CASO: ITINERARIO ÉTICO DE UN ESTUDIANTE UNIVERSITARIO CON IA

Para ilustrar la aplicación práctica y ética de la IA en la elaboración del borrador de un trabajo académico, consideremos el caso hipotético de Ana, una estudiante de Máster en Estudios Sociales del Trabajo.

1.4.1. Escenario: desarrollo del borrador de un trabajo académico sobre «el impacto del teletrabajo en la conciliación laboral y familiar de mujeres en el sector servicios en España pospandemia». Un ejemplo más detallado

Ana se enfrenta al desafío de elaborar un borrador sólido. Consciente de las posibilidades y riesgos de la IA, decide utilizarla como asistente, siguiendo los principios éticos discutidos en este capítulo y manteniendo una comunicación abierta con su tutora, la Dra. Elena García. Ana no busca que la IA haga el trabajo por ella, sino que le ayude a ser más eficiente y profunda en su propia investigación.

1.4.2. Aplicación ética de herramientas IA en cada fase

— **Fase 1: planificación y marco teórico**
  - *Acción de Ana*
    1. **Exploración inicial.** Ana utiliza Perplexity con la consulta: «Resume las principales líneas de investigación y debates actuales sobre teletrabajo, conciliación laboral-familiar y género en el contexto español pospandemia, citando fuentes académicas». Luego, revisa las respuestas, anotando temas clave y fuentes recurrentes.
    2. **Identificación de vacíos con Elicit.** Formula preguntas como: «¿Qué enfoques teóricos se utilizan predominantemente para analizar la conciliación de mujeres en contextos de teletrabajo en el sector

servicios en España?» y «¿Cuáles son los principales hallazgos y vacíos de investigación sobre el impacto de género en el teletrabajo post-COVID en el sector servicios español?».

3. **Refinamiento del tema y preguntas.** Basándose en los resultados, Ana refina su tema y formula sus preguntas de investigación principales y secundarias.

4. **Esquema inicial del marco teórico con Gemini.** Con los conceptos clave identificados (conciliación, género, teletrabajo, sector servicios, pospandemia, teorías como la de los roles o la conservación de recursos), le pide a Gemini: «Actúa como un sociólogo del trabajo. Basándote en estos conceptos [listar conceptos] y considerando mi tema [título provisional]', genera una propuesta de estructura lógica para el marco teórico de un TFM, con 3-4 secciones principales y posibles subsecciones. Justifica brevemente la relación entre las secciones».

- *Herramientas y ética.* Ana usa Perplexity y Elicit para obtener una visión general y patrones, evaluando críticamente las fuentes sugeridas (decálogo 1, 5). Descarta información no académica. También usa Gemini para una propuesta de estructura, que ella luego revisará y adaptará.

- *Diálogo con tutora.* Ana presenta a la Dra. García su tema refinado, preguntas y la estructura propuesta para el marco teórico, explicando cómo usó Perplexity, Elicit y Gemini para la exploración inicial y la organización de ideas. Declara: «Utilicé estas herramientas para organizar ideas y explorar literatura, pero la selección final del enfoque, las preguntas y la estructura del marco teórico son mías, basadas en mis lecturas y la relevancia para mis objetivos». La Dra. García valida el enfoque, sugiere autores clave adicionales y discute la viabilidad del esquema propuesto.

— **Fase 2: revisión bibliográfica**
  - *Acción de Ana*
    1. **Expansión con Research Rabbit.** Parte de los artículos clave sugeridos por su tutora y encontrados en la fase anterior. Los introduce en Research Rabbit para visualizar redes de literatura y encontrar estudios relacionados.

    2. **Búsqueda complementaria en Scopus.** Realiza búsquedas en Scopus (aprovechando sus funciones IA si están disponibles) para asegurar cobertura. Descarga unos 40 artículos relevantes en PDF.

    3. **Análisis inicial con NotebookLM.** Sube los 20 artículos más prometedores a NotebookLM. Formula preguntas específicas: «En estos documentos, ¿cómo se define 'conciliación laboral y familiar'?», «¿Qué metodologías predominan en los estudios sobre teletrabajo y mujeres en el sector servicios?», «¿Cuáles son las principales limitaciones que los autores señalan en sus estudios?». Guarda las respuestas

clave, siempre referenciando la página del PDF original y verificando la exactitud de la síntesis de la IA.

- *Herramientas y ética.* Research Rabbit le ayuda a encontrar conexiones inesperadas (decálogo 6). NotebookLM agiliza la extracción de información, pero Ana dedica tiempo a leer críticamente cada uno de los 20 artículos seleccionados, evaluando su rigor y pertinencia (decálogo 8). Verifica las respuestas de NotebookLM con el texto original (decálogo 1).
- *Diálogo con tutora.* Ana comparte con la Dra. García un resumen anotado de su bibliografía, indicando qué artículos analizó con ayuda de NotebookLM y cuáles leyó íntegramente sin asistencia IA para esa fase. Discuten los hallazgos principales y cómo estructurar la revisión de literatura en el borrador.

— **Fase 3: redacción asistida**
  - *Acción de Ana*
    1. **Sección de metodología.** Ana redacta primero un esquema detallado de su metodología (estudio de caso cualitativo, entrevistas semiestructuradas a X mujeres del sector servicios). Luego, utiliza ChatGPT (versión 4) con un *prompt* específico: «Actúa como un académico experto en metodología cualitativa. Basándote en este esquema detallado para mi sección de metodología [pega esquema detallado con justificación de elección de método, muestra, instrumentos, procedimiento y plan de análisis ético] y en los objetivos de mi trabajo académico [pega objetivos], redacta un borrador inicial para la sección de metodología (aproximadamente 800 palabras). Describe el enfoque de estudio de caso, el diseño de las entrevistas semiestructuradas, los criterios de selección de participantes, el proceso de recogida de datos y el método de análisis temático. Cita autores metodológicos relevantes si es posible [Ana proporciona 2-3 autores de referencia]». Revisa exhaustivamente el texto, lo reescribe en gran parte para asegurar su voz, verifica cada referencia y añade detalles específicos de su proceso.
    2. **Párrafo de introducción.** Ana redacta la mayor parte de la introducción ella misma, pero usa la IA para un párrafo inicial: «Genera un párrafo introductorio (aproximadamente 100 palabras) sobre la rápida expansión del teletrabajo tras la pandemia de COVID-19 en España, destacando su relevancia social actual y su impacto en el sector servicios. Usa un tono formal y académico». Luego, adapta e integra este párrafo en su propia redacción.
  - *Herramientas y ética.* Ana utiliza la IA para generar primeras versiones basadas en su propio esquema y objetivos (decálogo 9). Reescribe párrafos completos con sus propias palabras para asegurar su voz autoral, la

precisión conceptual y evitar el plagio (decálogo 8). Mantiene un registro de los *prompts* utilizados.

- *Diálogo con tutora.* Al entregar el borrador de estas secciones, Ana adjunta una nota explicando qué partes tuvieron una generación inicial asistida por IA y qué *prompts* utilizó, enfatizando el extenso trabajo de revisión, verificación y reescritura posterior. La Dra. García se enfoca en la coherencia argumental, la profundidad del análisis y la correcta aplicación de la metodología, valorando la transparencia de Ana.

— **Fase 4: revisión y mejora**
  - *Acción de Ana*
    1. **Revisión formal:** una vez completado el primer borrador, Ana utiliza Grammarly (versión premium) para revisar la gramática, puntuación y estilo. Lee atentamente cada sugerencia antes de aceptarla o rechazarla, tomando decisiones informadas.
    2. **Revisión de contenido y coherencia:** realiza varias lecturas completas ella misma para verificar la coherencia global, la fluidez argumental y la conexión entre secciones.
    3. **Verificación de plagio:** pasa el texto por un detector de plagio de su universidad. Por curiosidad y transparencia, también por ChatGPT Zero, anotando los resultados (reconociendo que pueden ser poco fiables).
  - *Herramientas y ética.* Usa Grammarly como apoyo a la corrección formal, pero mantiene el control editorial (decálogo 8). La revisión sustantiva (argumentación, coherencia) la realiza ella misma y la discute con su tutora. Es honesta sobre los resultados de los detectores, usándolos como una herramienta más de autoevaluación, no como prueba definitiva (decálogo 1, 10).
  - *Diálogo con tutora.* La Dra. García revisa el borrador completo y proporciona retroalimentación detallada sobre el contenido y la estructura (Hattie, 2012). Discuten áreas de mejora y los pasos finales hacia la versión definitiva. La tutora reconoce el uso ético y transparente de la IA como un soporte al proceso de aprendizaje y producción de Ana.

1.4.3. Contraste: un escenario de uso no ético y sus consecuencias

Imaginemos a Carlos, otro estudiante, que utiliza ChatGPT para generar secciones enteras de su trabajo académico sobre un tema similar, copiando y pegando grandes bloques de texto sin revisión crítica ni reescritura sustancial. Utiliza resúmenes de IA de artículos que no ha leído completamente y los cita como si los hubiera analizado a fondo. No declara el uso de IA a su tutor. Como consecuencia, el trabajo carece de voz autoral, presenta inconsistencias, posibles errores fácticos o citas inventadas («alucinaciones») y una argumentación superficial.

Aunque pueda pasar filtros básicos de plagio (si la IA generó texto «original» en su estructura), un tutor experimentado o un comité evaluador probablemente detectarán la falta de profundidad y coherencia. Si se descubre el uso indebido, Carlos enfrenta sanciones académicas graves por plagio y falta de integridad, poniendo en riesgo su titulación. Además, no ha desarrollado las competencias de investigación y escritura crítica esperadas en su formación (Ambrose *et al.*, 2010, especialmente los principios 4 y 7 sobre desarrollo de maestría y metacognición).

1.5. EJERCICIOS PRÁCTICOS Y DE REFLEXIÓN

Para consolidar los conceptos y habilidades abordados en este capítulo, se proponen los siguientes ejercicios y preguntas:

1.5.1. Ejercicio 1: evaluación crítica de un texto generado por IA

— Seleccione una herramienta de IA Generativa (p. ej., ChatGPT o Perplexity).
— Pídale que genere un texto de aproximadamente 500 palabras sobre un concepto clave de su área de estudio (p. ej., «Explica la teoría del aprendizaje significativo de Ausubel, destacando sus implicaciones para el diseño instruccional en educación superior» o «Describe el concepto de hegemonía según Gramsci y cómo se aplica al análisis de los medios de comunicación contemporáneos»).
— Evalúe críticamente el texto generado considerando:
  • Exactitud de la información (verifique con fuentes confiables).
  • Claridad y coherencia de la explicación.
  • Profundidad del análisis (¿es superficial o aborda matices?).
  • Posibles sesgos o simplificaciones excesivas.
  • ¿Cita fuentes? Si es así, ¿son reales y pertinentes? (Verifique al menos una).
— Reescriba el texto (al menos en un 50 %), corrigiendo errores, añadiendo profundidad desde su conocimiento, mejorando la estructura argumental y asegurando una voz autoral propia. Añada referencias adecuadas si es necesario.

1.5.2. Ejercicio 2: práctica de ingeniería de prompts

— Elija una tarea específica relacionada con su trabajo académico (p. ej., buscar bibliografía sobre un aspecto concreto, generar un esquema para la introducción, obtener definiciones comparativas de dos términos clave o identificar posibles limitaciones de un enfoque metodológico).
— Formule un *prompt* inicial para una herramienta IA (p. ej., Elicit, ChatGPT o Perplexity).

— Analice el resultado. ¿Fue satisfactorio? ¿Qué faltó? ¿Fue preciso? ¿Fue útil?

— Refine el *prompt* (añadiendo contexto, especificando rol, formato, restricciones, tono, audiencia y fuentes a considerar o evitar) e inténtelo de nuevo. Repita el proceso al menos dos veces, buscando mejorar significativamente el resultado.

— Reflexione: ¿Qué elementos del *prompt* fueron más efectivos para mejorar el resultado? ¿Cómo podría generalizar esta técnica de refinamiento de *prompts* a otras tareas?

1.5.3. Ejercicio 3: simulación de declaración de uso de IA

— Imagine que ha utilizado diversas herramientas IA (como en el caso de Ana) para elaborar el borrador de su trabajo académico, específicamente en las fases de: a) exploración temática y definición de objetivos, b) revisión bibliográfica inicial y c) generación de primeros borradores de la introducción y metodología.

— Redacte una breve sección (aproximadamente 150-200 palabras) para incluir en la introducción o en un anexo de su trabajo, donde declare de forma transparente y específica qué herramientas utilizó, para qué fases o tareas concretas y cómo aseguró la integridad académica y la autoría propia en el proceso (considere los principios éticos discutidos).

1.5.4. Preguntas de reflexión (inspirado en Ambrose *et al.*, 2010)

— **Conocimiento previo y transferencia (principio 1 y 4).** ¿Cómo puedo utilizar mi conocimiento previo sobre mi tema y sobre metodología de investigación para guiar de manera más efectiva a las herramientas de IA y evaluar críticamente sus resultados? ¿Cómo me aseguro de que estoy transfiriendo lo aprendido en mi formación (habilidades de análisis, síntesis y argumentación) al interactuar con la IA, en lugar de simplemente delegar tareas que son cruciales para el desarrollo de estas competencias?

— **Práctica y retroalimentación (principio 5).** ¿Cómo puedo estructurar mi uso de la IA para que me brinde oportunidades de *práctica deliberada* en habilidades clave (como la síntesis de información, la estructuración de argumentos y la identificación de sesgos) en lugar de evitarlas? Al recibir «retroalimentación» de la IA (sugerencias gramaticales y resúmenes), ¿cómo la proceso críticamente antes de aceptarla? ¿Cómo busco y utilizo la retroalimentación de mi tutor y pares, que es mucho más rica, para mejorar mi borrador? (conexión con Hattie, 2012).

— **Motivación y mentalidad (principio 3).** ¿Cuál es mi motivación principal para usar IA en mi trabajo académico? ¿Busco eficiencia para poder profundizar en aspectos más complejos y creativos, o busco principalmente evitar

el esfuerzo y la dificultad inherentes al proceso de investigación y escritura? ¿Cómo puedo cultivar una mentalidad (*mindset*) que vea la IA como una herramienta para potenciar mi aprendizaje y mi capacidad, en lugar de una amenaza o un sustituto de mi propio pensamiento?
— **Metacognición (principio 7).** Al utilizar IA para generar texto o buscar información, ¿qué estrategias puedo usar para monitorear mi propia comprensión? ¿Cómo puedo asegurarme de que no estoy simplemente aceptando información, sino que la estoy procesando, cuestionando e integrando activamente en mi propio esquema mental? ¿Cómo planifico, monitoreo y evalúo mi propio proceso de escritura y aprendizaje al incorporar estas herramientas?
— **Desarrollo y clima del aula (principio 6) (aplicado a la relación tutor-tutorando).** ¿Cómo puede el uso transparente y ético de la IA contribuir a un clima de confianza y colaboración con mi tutor? ¿Cómo podemos, estudiante y tutor, desarrollar juntos un entendimiento compartido sobre el rol apropiado de la IA en el proceso académico dentro de nuestra disciplina, fomentando un diálogo abierto sobre los desafíos y beneficios?

1.6. PUNTOS CLAVE DEL PROCESO

Este capítulo ha explorado el complejo, pero inevitable encuentro entre la elaboración de trabajos académicos y la Inteligencia Artificial Generativa. Se ha enfatizado que la IA, si bien ofrece herramientas potentes para asistir en diversas fases del proceso –desde la planificación y la revisión bibliográfica hasta la redacción inicial y la revisión formal–, debe ser considerada estrictamente como un asistente, no como un autor sustituto. La primacía del pensamiento crítico, la responsabilidad autoral y la integridad académica del estudiante son innegociables.

Los puntos clave abordados incluyen:
— La naturaleza y los desafíos de la producción académica en la educación superior, reconociendo la elaboración del borrador como un hito crucial.
— Las capacidades y, fundamentalmente, las limitaciones de la IA Generativa y sus herramientas aplicadas a la academia, destacando la importancia de no sobreestimar su fiabilidad o comprensión.
— La centralidad de la ética y la integridad académica, materializada en principios como la responsabilidad, la validación rigurosa de la información, la transparencia en el uso de herramientas, la citación adecuada (incluyendo la declaración de uso de IA) y el fomento constante del pensamiento crítico.
— Un proceso práctico detallado para integrar la IA de forma ética en las fases de planificación, revisión de literatura, redacción asistida y revisión del borrador. Se ha subrayado el rol insustituible del estudiante en la evaluación

crítica, la síntesis profunda, la argumentación original y la apropiación intelectual del contenido, más allá de la asistencia que la IA pueda proporcionar.

— Un panorama de herramientas específicas (Consensus, Elicit, Perplexity y LLMs como ChatGPT/Gemini, Research Rabbit, NotebookLM y Grammarly) y criterios para su selección y uso responsable, considerando factores como el propósito, la transparencia de la herramienta, la privacidad y la verificación constante.

— La importancia del diálogo estudiante-tutor sobre el uso de la IA y el desarrollo de competencias metacognitivas al interactuar con estas tecnologías, conectando la práctica con principios pedagógicos fundamentales (inspirados en Ambrose *et al.*, 2010).

1.7. CONCLUSIONES: HACIA UNA COLABORACIÓN ÉTICA HUMANO-IA EN LA ACADEMIA

La Inteligencia Artificial Generativa ya no es una tecnología del futuro lejano; es una realidad presente que está remodelando el panorama de la educación superior y la investigación. Ignorarla no es una opción viable, como tampoco lo es adoptarla de manera acrítica o antiética. La elaboración de trabajos académicos se presenta como un microcosmos donde la tensión entre la eficiencia tecnológica y la responsabilidad académica se manifiesta claramente.

1.7.1. Balance entre eficiencia y responsabilidad académica

La promesa de la IA de agilizar tareas tediosas y superar bloqueos creativos es atractiva. Puede liberar tiempo y energía mental para que estudiantes y tutores se enfoquen en aspectos más profundos de la investigación: el análisis crítico, la interpretación original, la contribución significativa al conocimiento. Sin embargo, este potencial solo se realiza si se mantiene un compromiso férreo con la integridad. La eficiencia no puede lograrse a costa de la honestidad intelectual, la originalidad o el desarrollo de competencias fundamentales. El verdadero desafío reside en encontrar y mantener este delicado equilibrio, donde la IA sirve para aumentar las capacidades humanas, no para disminuirlas.

1.7.2. El futuro de la escritura académica y el rol de la IA

Es probable que la IA se integre cada vez más en los procesos de escritura académica. Las herramientas se volverán más sofisticadas y las expectativas sobre su uso (y abuso) evolucionarán. Esto exigirá una adaptación continua por parte de estudiantes, tutores e instituciones. Las habilidades del futuro no radicarán solo en saber investigar y escribir, sino también en saber colaborar ética y críticamente con la IA, formulando las preguntas adecuadas (ingeniería de *prompts*), evaluando la información generada y manteniendo siempre la primacía del pensamiento humano. Será crucial el desarrollo de una «sabiduría digital» que combine competencia técnica con discernimiento ético.

1.7.3. Recomendaciones finales para estudiantes y tutores

— **Para Estudiantes.** Abrace la curiosidad, explore las herramientas, pero hágalo con escepticismo crítico y un fuerte sentido ético. Priorice el aprendizaje y el desarrollo de su propio pensamiento y sea transparente con su tutor. Recuerde, la IA es un asistente, usted es el autor y el responsable final. Utilice la IA como una oportunidad para practicar y refinar sus habilidades de investigación y escritura, no como una forma de evitarlas. (Conexión Ambrose *et al.*, 2010: fomente su metacognición y motivación intrínseca).

— **Para Tutores.** Fórmese sobre las capacidades y limitaciones de la IA. Fomente un diálogo abierto y sin prejuicios con sus estudiantes sobre su uso. Adapte sus estrategias de supervisión y evaluación para enfocarse en el proceso, el pensamiento crítico y la evidencia de apropiación intelectual, más allá del producto final. Promueva activamente la integridad académica en este nuevo contexto (inspirado en Huston, 2009 –enseñar lo que no se sabe requiere adaptación y, en este caso, enseñar cómo aprender con lo que los estudiantes usarán–). Considere cómo la retroalimentación (Hattie, 2012) puede guiar el uso ético y productivo de la IA.

En última instancia, la integración exitosa de la IA en la producción académica dependerá de nuestra capacidad colectiva para cultivar una cultura de colaboración ética humano-IA, donde la tecnología sirva para aumentar nuestras capacidades intelectuales y creativas, sin disminuir nuestra responsabilidad ni nuestra humanidad. El objetivo es una academia aumentada por la IA, no reemplazada por ella.

1.8. GLOSARIO DE TÉRMINOS CLAVE

— **Borrador (de trabajo académico):** versión inicial pero sustancial y estructurada de un trabajo académico, que contiene los elementos centrales de la investigación (introducción, marco teórico preliminar, metodología propuesta, desarrollo argumental inicial y conclusiones tentativas) y sirve como base para revisiones y mejoras posteriores.

— **Ética de la IA:** campo multidisciplinario que estudia las implicaciones morales y sociales del diseño, desarrollo y uso de la Inteligencia Artificial, buscando asegurar que estas tecnologías se alineen con valores humanos y principios éticos.

— **IA Generativa (Inteligencia Artificial Generativa):** rama de la IA capaz de crear contenido nuevo y original (texto, imágenes, código, etc.) que no existía previamente, basándose en patrones aprendidos de grandes conjuntos de datos.

— **Integridad Académica:** compromiso con los valores fundamentales de honestidad, confianza, justicia, respeto, responsabilidad y coraje en todos los aspectos del trabajo académico y la investigación. Implica originalidad, atribución adecuada y veracidad.

— **LLM (Large Language Model) o modelo de lenguaje grande:** tipo de IA entrenada con enormes cantidades de texto, capaz de comprender y generar lenguaje natural de manera coherente y fluida. Es la base de herramientas como ChatGPT o Gemini.

— **Marco Teórico:** sección de un trabajo de investigación que presenta y analiza las teorías, los conceptos y los estudios previos relevantes que fundamentan y contextualizan la investigación propia, explicando las bases conceptuales del estudio.

— **Metacognición:** conciencia y comprensión del propio proceso de pensamiento y aprendizaje. Incluye habilidades como la planificación, el monitoreo y la evaluación del propio aprendizaje y desempeño, así como la capacidad de ajustar las estrategias de aprendizaje (Ambrose *et al.*, 2010, principio 7).

— **Plagio por IA:** presentar como propio texto u otro contenido generado por una herramienta de Inteligencia Artificial sin la debida atribución o sin una reelaboración sustancial y significativa que refleje el pensamiento, la voz y el análisis del autor humano.

— *Prompt* **(en IA):** instrucción, pregunta o conjunto de directrices que se le da a un modelo de IA (especialmente un LLM) para guiar su respuesta o la generación de contenido. La calidad del *prompt* influye significativamente en la calidad del resultado.

— **Revisión bibliográfica (o revisión de literatura):** proceso sistemático de búsqueda, identificación, evaluación y síntesis de la literatura académica existente (artículos, libros, etc.) sobre un tema de investigación específico, con el fin de conocer el estado actual del conocimiento.

— **Trabajo académico (TFG, TFM):** proyecto de investigación o trabajo aplicado que los estudiantes deben completar y defender para obtener un título universitario o de posgrado en muchas instituciones. Representa la culminación de un proceso formativo.

1.9. SUGERENCIAS DE LECTURAS COMPLEMENTARIAS

— **Sobre principios de aprendizaje y enseñanza (aplicables al uso de IA)**
  - Ambrose, S. A., Bridges, M. W., DiPietro, M., Lovett, M. C., & Norman, M. K. (2010). *How learning works: Seven research-based principles for smart teaching*. San Francisco, California: Jossey-Bass. (Referencia clave proporcionada, fundamental para entender cómo la IA puede apoyar u obstaculizar el aprendizaje).
  - Hattie, J. (2012). *Visible learning for teachers: Maximizing impact on learning*. Londres: Routledge. (Referencia clave proporcionada, útil para entender la importancia de la retroalimentación, tanto del tutor como la que se puede obtener, con cautela, de la IA).
  - Huston, T. (2009). *Teaching what you don't know*. Cambridge, Massachusetts: Harvard University Press. (Referencia clave proporcionada, relevante para tutores que enfrentan el desafío de guiar a estudiantes en el uso de IA, una herramienta que también están aprendiendo a conocer).

— **Sobre IA en educación y ética académica**
  - Lugo Sánchez, L. J. (2023). *Guía para Uso Ético de la Inteligencia Artificial: Una Propuesta para la Investigación y Educación*. [Archivo PDF]. https://drive.google.com/file/d/1TDgE1akMc-dZdLy5M3_-bPIaCQ992TGh/view?usp=sharing (Referencia central de este capítulo, con un decálogo y clasificaciones de herramientas muy útiles).
  - UNESCO (2022). *Recomendación sobre la ética de la inteligencia artificial*. https://unesdoc.unesco.org/ark:/48223/pf0000381137_spa (Marco global de referencia).
  - Buscar artículos recientes en revistas académicas sobre Educación Superior, Tecnología Educativa y Ética sobre los impactos y usos de la IA Generativa en la escritura académica y la evaluación. Para ello, se recomienda usar las herramientas de búsqueda bibliográfica mencionadas en el capítulo, como Elicit o Perplexity con foco académico.
  - Mollick, E. R. (2024). *Co-Intelligence: Living and Working with AI*. Portfolio/Penguin. (Aunque no ha sido citado directamente en el capítulo, es un referente actual sobre la interacción con IA).
  - Cabero-Almenara, J., Palacios-Rodríguez, A., Loaiza-Aguirre, M. I., & Rivas-Manzano, M. (2024). Acceptance of educational artificial intelligence by teachers and its relationship with some variables and pedagogical beliefs. *Education Sciences, 14*(7), 740. https://doi.org/10.3390/educsci14070740

— **Sobre escritura académica y metodología**
  - Consultar las guías de estilo y metodología específicas proporcionadas por la propia universidad o programa.

- Booth, W. C., Colomb, G. G., & Williams, J. M. (2024). *The Craft of Research*. Chicago, Illinois: University of Chicago Press. (Un clásico sobre el proceso de investigación y escritura, que ayuda a fundamentar el trabajo propio).
- Silvia, P. J. (2019). *How to Write a Lot: A Practical Guide to Productive Academic Writing*. Washington, Distrito de Columbia: American Psychological Association. (Consejos prácticos sobre el proceso de escritura).

1.10. BIBLIOGRAFÍA

Ambrose, S. A., Bridges, M. W., DiPietro, M., Lovett, M. C., & Norman, M. K. (2010). *How learning works: Seven research-based principles for smart teaching*. San Francisco, California: Jossey-Bass.

Hattie, J. (2012). *Visible learning for teachers: Maximizing impact on learning*. Londres: Routledge.

Huston, T. (2009). *Teaching what you don't know*. Cambridge, Massachusetts: Harvard University Press.

Lugo Sánchez, L. J. (2023). *Guía para Uso Ético de la Inteligencia Artificial: Una Propuesta para la Investigación y Educación* [Archivo PDF]. https://drive.google.com/file/d/1TDgE1akMc-dZdLy5M3_-bPIaCQ992TGh/view?usp=sharing

Resumen del Video: TFM Master Relaciones Laborales. (s.f.). [Archivo PDF basado en el video https://www.youtube.com/watch?v=Nr68Og_NGA0].

UNESCO. (2022). *Recomendación sobre la ética de la inteligencia artificial*. https://unesdoc.unesco.org/ark:/48223/pf0000381137_spa

RESUMEN DEL CAPÍTULO 1

El capítulo 1 de *La IA como herramienta académica: su uso ético para elaborar trabajos fin de grado y de máster* sienta las bases cruciales para abordar la creación de investigación universitaria en el contexto actual, profundamente influenciado por la Inteligencia Artificial (IA) Generativa.

Se reconoce el trabajo académico como un hito desafiante que exige rigor, originalidad y habilidades avanzadas de escritura. En este escenario, la IA irrumpe ofreciendo tanto oportunidades significativas como riesgos éticos considerables. El objetivo central del capítulo es, por tanto, guiar a estudiantes y tutores en el uso ético y eficaz de estas nuevas herramientas, específicamente durante la fase de elaboración del borrador.

Se inicia definiendo el concepto de «borrador», no como un simple primer intento, sino como una versión sustancial y estructurada que, aunque perfectible, ya contiene los elementos centrales de la investigación. A continuación, se introduce la IA Generativa, destacando la función de los modelos de lenguaje grandes (LLMs) como motores de muchas herramientas asistentes. Se explican sus capacidades (procesar y generar lenguaje, resumir y traducir) pero, fundamentalmente, se subrayan sus limitaciones intrínsecas: carecen de comprensión humana, pueden generar información incorrecta o sesgada («alucinaciones»), su conocimiento es limitado y no poseen criterio ético ni pensamiento crítico propio. Se presentan diversas tipologías de asistentes de IA relevantes para la academia, como los de investigación (Consensus o Elicit), los avanzados (Perplexity, Gemini o ChatGPT), los basados en teoría de grafos (Research Rabbit), los conversadores de textos (ChatPDF o NotebookLM) y las herramientas de apoyo ético y de citación.

El núcleo del capítulo reside en el establecimiento del pilar ético fundamental. Se enfatiza la necesidad irrenunciable de mantener la integridad académica, basada en la honestidad, la confianza y la responsabilidad. Se aborda directamente el problema del plagio en el contexto de la IA, definiéndolo como la presentación de texto generado por máquina como propio sin la debida atribución o reelaboración sustancial. Se advierte sobre la insuficiencia de las herramientas de detección de plagio por IA y se subraya la importancia de la transparencia: la necesidad de declarar explícitamente cómo y qué herramientas de IA se han utilizado en el trabajo.

Para guiar la práctica, se presenta un conjunto de principios adaptados del decálogo de Lugo Sánchez (2023) y enriquecidos con la perspectiva pedagógica de Ambrose *et al.* (2010). Estos principios para el uso ético y eficaz de la IA incluyen la responsabilidad académica (verificar siempre la información de la IA), la responsabilidad social, el uso de la IA para enriquecer el conocimiento propio (no para sustituir el aprendizaje), la verificación y citación rigurosa (incluyendo el uso de IA), ver la IA como una oportunidad para explorar (no como un atajo), el fomento del pensamiento crítico (analizar y sintetizar desde la perspectiva propia), considerar la IA como un asistente (no como autor), asumir la rendición de cuentas por errores o sesgos y mantener siempre la transparencia. Se destaca cómo estos principios se conectan con el fomento de la metacognición, la motivación intrínseca y la organización significativa del conocimiento.

La segunda mitad del capítulo se adentra en la aplicación práctica de estos principios y herramientas en las distintas fases de elaboración del borrador.

En la Fase 1 (Planificación y Marco Teórico), se explica cómo la IA puede asistir en la definición y refinamiento del tema, la formulación de objetivos y preguntas y la identificación de conceptos y bibliografía para el marco teórico, pero siempre bajo la evaluación crítica y decisión final del estudiante. Se proporcionan ejemplos de *prompts* y se discute la importancia de la supervisión humana.

En la Fase 2 (Revisión Bibliográfica), se detalla el uso de herramientas para la búsqueda (Undermind o Scopus AI), visualización (Research Rabbit) y análisis inicial de textos (NotebookLM o ChatPDF), recalcando que la evaluación crítica de fuentes y la lectura profunda son insustituibles. Se insiste en la verificación de información y la correcta citación (APA 7).

En la Fase 3 (Redacción Asistida), se aborda el uso de LLMs para generar borradores iniciales de secciones, enfatizando que esto solo debe hacerse a partir de esquemas detallados del estudiante y que el texto resultante requiere una profunda revisión, reescritura y apropiación intelectual para evitar el plagio y asegurar la voz autoral. Se introduce la importancia de la ingeniería de *prompts* para obtener resultados más controlados.

En la Fase 4 (Revisión y Mejora), se describe el modo en que herramientas como Grammarly pueden ayudar con la forma, pero la coherencia argumental y la calidad del contenido deben ser evaluadas por el estudiante y el tutor. Se discute el rol crucial del tutor en supervisar el uso ético de la IA y las limitaciones de las herramientas de detección. La responsabilidad final sobre el contenido y la originalidad recae siempre en el estudiante.

Para consolidar estos conceptos, el capítulo incluye un vistazo práctico a las herramientas clave, clasificándolas y explicando su uso ético potencial. Se presenta un estudio de caso detallado, el de Ana, que contrasta un itinerario de uso ético de la IA con un escenario de uso no ético, el caso de Carlos, y sus graves consecuencias académicas y de aprendizaje, ilustrando cómo Ana aplica los principios éticos y pedagógicos en cada fase. Además, se proponen ejercicios prácticos (evaluar texto de IA, practicar *prompts* y simular declaración de uso) y preguntas de reflexión profundas, inspiradas en los principios de aprendizaje de Ambrose *et al.* (2010), para fomentar la metacognición, la conexión con el conocimiento previo y la motivación intrínseca al interactuar con estas tecnologías.

Finalmente, el capítulo concluye resumiendo los puntos clave: la IA como herramienta de apoyo potente pero auxiliar, la centralidad irrenunciable de la ética y el pensamiento crítico y la necesidad de un proceso práctico que equilibre eficiencia y responsabilidad. Se cierra con una llamada a la colaboración ética humano-IA en la academia, donde la tecnología sirva para potenciar las capacidades humanas sin menoscabar la integridad ni el aprendizaje profundo. Se incluyen un glosario de términos clave introducidos en el capítulo y sugerencias de lecturas complementarias para profundizar en los principios de aprendizaje y la ética de la IA, así como en la escritura académica.

10 PUNTOS MÁS IMPORTANTES DEL CAPÍTULO 1

1. **Dualidad de la IA:** la IA Generativa ofrece grandes oportunidades para asistir en la producción académica (eficiencia e ideas), pero también presenta serios riesgos éticos (plagio, falta de originalidad y errores).

2. **Ética como pilar fundamental:** la integridad académica, la honestidad, la transparencia y la responsabilidad son principios no negociables al usar IA.

3. **IA como asistente, no autor:** la IA debe ser vista como una herramienta de apoyo; la autoría intelectual, el pensamiento crítico y la responsabilidad final recaen siempre en el estudiante.

4. **Verificación crítica obligatoria:** toda información o texto generado por IA debe ser verificado rigurosamente en cuanto a exactitud, pertinencia y sesgos. No confiar ciegamente.

5. **Reescritura sustancial:** presentar texto generado por IA como propio sin una reelaboración profunda y significativa que refleje el pensamiento y la voz del estudiante constituye plagio. La apropiación intelectual es esencial.

6. **Transparencia y declaración:** es éticamente necesario declarar qué herramientas de IA se utilizaron y para qué propósito en el trabajo académico, fomentando un diálogo abierto con el tutor.

7. **Limitaciones inherentes de la IA:** los LLMs no comprenden como los humanos, pueden «alucinar» (inventar información y referencias), su conocimiento es limitado a sus datos de entrenamiento y pueden perpetuar sesgos.

8. **Aplicación supervisada en todas las fases:** la IA puede asistir desde la planificación y revisión bibliográfica hasta la redacción inicial y revisión, pero siempre bajo el control, criterio y activa participación intelectual del estudiante.

9. **Rol evolutivo del tutor:** la supervisión académica ahora incluye guiar y evaluar el uso ético y crítico de la IA por parte del estudiante, fomentando un aprendizaje profundo y el desarrollo de competencias digitales.

10. **Enfoque en el aprendizaje (conexión Ambrose *et al.*, 2010):** el uso de IA debe fomentar el aprendizaje profundo, la metacognición y el desarrollo de competencias, no sustituir el esfuerzo intelectual ni las oportunidades de práctica deliberada.

10 PREGUNTAS TIPO TEST SOBRE EL CAPÍTULO 1

1. Según el Capítulo 1, ¿cuál es la consideración más importante al usar IA Generativa en un trabajo académico?
   a) La velocidad con la que genera texto.
   b) Mantener la ética, la integridad académica y la autoría propia.
   c) Utilizar siempre la herramienta de IA más reciente disponible.

2. ¿Qué significa el término «alucinación» en el contexto de la IA?
   a) La capacidad de la IA para crear imágenes artísticas.
   b) Un estado de sobrecarga del modelo de lenguaje.
   c) La generación de información falsa o inventada por parte de la IA.

3. Para evitar el plagio por IA, ¿qué acción es fundamental después de que la IA genera un texto inicial?
   a) Cambiar algunas palabras clave y sinónimos.
   b) Copiar y pegar el texto citando a la IA como autor secundario.
   c) Realizar una revisión, reescritura y síntesis crítica sustancial y con voz propia.

4. ¿Qué principio ético se refiere a informar sobre las herramientas de IA utilizadas en el trabajo académico?
   a) Verificación rigurosa.
   b) Transparencia y declaración de uso.
   c) Pensamiento crítico.

5. ¿Cuál es una limitación clave de los modelos de lenguaje grandes (LLMs) mencionada en el capítulo?
   a) Solo pueden procesar texto en inglés.
   b) Carecen de verdadera comprensión humana y pueden generar errores o información sesgada.
   c) Son incapaces de resumir textos largos.

6. En la fase de revisión bibliográfica, ¿qué tarea NO puede ser delegada completamente a la IA?
   a) Encontrar artículos usando palabras clave.
   b) Resumir el *abstract* de un artículo.
   c) Evaluar críticamente la calidad, rigor metodológico y pertinencia de una fuente para la investigación propia.

7. ¿Para qué son particularmente útiles herramientas IA como Research Rabbit o Connected Papers?
   a) Revisar la gramática y el estilo del texto.
   b) Visualizar las conexiones (citas, coautorías) entre artículos académicos y mapear un campo de investigación.
   c) Detectar plagio en el texto generado por IA.

8. El capítulo conecta el uso de IA con principios pedagógicos de Ambrose *et al.* (2010), destacando la importancia de la:
   a) Velocidad de procesamiento de la IA para optimizar el tiempo.
   b) Metacognición (monitoreo del propio aprendizaje y comprensión al usar IA).
   c) Capacidad de la IA para trabajar offline sin necesidad de conexión a internet.

9. ¿Cómo evoluciona el rol del tutor en la era de la IA, según el capítulo?
   a) Se vuelve menos necesario gracias a la asistencia de la IA, pudiendo delegar más supervisión.
   b) Debe prohibir cualquier uso de IA para asegurar la originalidad y el esfuerzo del estudiante.
   c) Debe guiar el uso ético y crítico de la IA, supervisar la autenticidad del trabajo y adaptar sus estrategias de retroalimentación y evaluación.

10. La responsabilidad final sobre la originalidad, exactitud, coherencia y argumentación del trabajo académico recae en:
    a) El modelo de Inteligencia Artificial utilizado, si se declara su uso.
    b) El estudiante autor del trabajo.
    c) El tutor que supervisa el trabajo, ya que debe validar cada paso.

SOLUCIÓN DE LAS PREGUNTAS TIPO TEST

1. b) Mantener la ética, la integridad académica y la autoría propia.
2. c) La generación de información falsa o inventada por parte de la IA.
3. c) Realizar una revisión, reescritura y síntesis crítica sustancial y con voz propia.
4. b) Transparencia y declaración de uso.
5. b) Carecen de verdadera comprensión humana y pueden generar errores o información sesgada.
6. c) Evaluar críticamente la calidad, rigor metodológico y pertinencia de una fuente para la investigación propia.
7. b) Visualizar las conexiones (citas, coautorías) entre artículos académicos y mapear un campo de investigación.
8. b) Metacognición (monitoreo del propio aprendizaje y comprensión al usar IA).
9. c) Debe guiar el uso ético y crítico de la IA, supervisar la autenticidad del trabajo y adaptar sus estrategias de retroalimentación y evaluación.
10. b) El estudiante autor del trabajo.

CAPÍTULO 2.
ELABORACIÓN DEL BORRADOR
DE TRABAJOS ACADÉMICOS
CON LAS HERRAMIENTAS ADECUADAS

2.0. INTRODUCCIÓN: DEL POTENCIAL ÉTICO A LA PRÁCTICA INSTRUMENTAL

2.0.1. Recapitulación del capítulo 1: la base ética indispensable

En el capítulo anterior, establecimos los fundamentos éticos cruciales para navegar la integración de la Inteligencia Artificial (IA) en la elaboración de trabajos académicos. Subrayamos la importancia irrenunciable de la integridad académica, la responsabilidad autoral, la transparencia en el uso de herramientas y el desarrollo continuo del pensamiento crítico. Concluimos que la IA debe ser vista como un asistente potente, pero siempre subordinada al juicio, la ética y el esfuerzo intelectual del estudiante investigador. Sin esta base ética sólida, el uso de cualquier herramienta, por avanzada que sea, corre el riesgo de desviarse hacia la deshonestidad o la superficialidad. También se introdujeron los principios de aprendizaje de Ambrose *et al.* (2010) como marco para entender cómo la tecnología puede interactuar con los procesos cognitivos del estudiante.

2.0.2. El enfoque de este capítulo: dominio práctico
de las herramientas de IA

Con los principios éticos como brújula y los principios pedagógicos como guía, este segundo capítulo cambia el enfoque hacia la dimensión instrumental y práctica. El objetivo es equipar a estudiantes y tutores con el conocimiento necesario para seleccionar y utilizar de manera efectiva las herramientas adecuadas de IA en cada fase de la elaboración del borrador académico. Pasamos del por qué usar (o no usar) éticamente la IA al cómo usarla de forma competente y estratégica para potenciar el proceso de investigación y escritura, siempre dentro de los límites éticos ya definidos y buscando un aprendizaje significativo. Exploraremos flujos de trabajo, técnicas de *prompt* avanzadas y ejemplos concretos de aplicación.

2.0.3. La IA como «herramienta adecuada»: criterios de selección

No todas las herramientas de IA son iguales, ni todas son apropiadas para cada tarea dentro de un trabajo académico. La selección de la «herramienta adecuada» debe basarse en criterios claros.

— **Eficiencia.** ¿Realmente la herramienta ahorra tiempo o esfuerzo significativo en una tarea específica sin comprometer la calidad del aprendizaje o del producto? (Resumen TFM, 07:00).
— **Fiabilidad y precisión.** ¿La herramienta proporciona información verificable y precisa? ¿Cita sus fuentes? ¿Cuál es su tasa conocida de errores o «alucinaciones»? (Guía Ética AI, pp. 25, 33).
— **Adecuación a la tarea.** ¿Está la herramienta diseñada específicamente para la función requerida (p. ej., búsqueda bibliográfica vs. generación de texto vs. análisis de datos)?
— **Accesibilidad.** ¿Es la herramienta accesible para el estudiante (coste, curva de aprendizaje, disponibilidad e idioma de interfaz)?
— **Ética integrada.** ¿La herramienta opera con transparencia? ¿Respeta la privacidad de los datos? ¿Permite un uso que se alinee con los principios de integridad académica?

Este capítulo guiará al lector en la evaluación de herramientas específicas frente a estos criterios.

2.0.4. Objetivos de aprendizaje específicos del capítulo

Al finalizar este capítulo, los lectores serán capaces de:
— Identificar y categorizar las principales herramientas de IA aplicables a las fases de planificación, revisión bibliográfica, redacción y revisión del borrador académico.
— Seleccionar la herramienta o combinación de herramientas más adecuada para tareas específicas del proceso de elaboración, basándose en criterios de eficiencia, fiabilidad y ética.
— Aplicar técnicas prácticas y *prompts* efectivos para interactuar con diversas herramientas de IA (LLMs, asistentes de investigación, conversadores de texto, etc.).

— Diseñar y ejecutar flujos de trabajo que integren herramientas de IA de manera eficiente, coherente y que promuevan la reflexión.
— Conectar el uso práctico de las herramientas con principios pedagógicos (siguiendo a Ambrose *et al.*, 2010) que fomenten el aprendizaje profundo y la metacognición.
— Evaluar críticamente los resultados obtenidos de las herramientas de IA, manteniendo siempre la responsabilidad sobre el producto final y el proceso de aprendizaje.

2.0.5. Hoja de ruta: un viaje práctico a través de las herramientas

Este capítulo se organiza siguiendo el flujo natural de elaboración del borrador. Primero, conectaremos el uso de herramientas con principios pedagógicos clave, presentando de forma más detallada el marco de Ambrose *et al.* (2010) y su aplicación en este contexto. Luego, nos adentraremos en herramientas específicas para la planificación y el diseño, la revisión bibliográfica intensiva y la redacción y composición. Ilustraremos la integración de estas herramientas a través de un estudio de caso ampliado (continuando con Ana) y propondremos ejercicios prácticos integradores. Finalmente, ofreceremos conclusiones centradas en la competencia digital crítica, junto con un glosario técnico y recursos adicionales.

2.1. PRINCIPIOS PEDAGÓGICOS EN LA INTERACCIÓN CON HERRAMIENTAS DE IA (CONEXIÓN AMBROSE *ET AL.*, 2010): PRESENTACIÓN DETALLADA

El uso efectivo de herramientas de IA no es meramente técnico, sino que interactúa profundamente con cómo aprendemos. Aplicar conscientemente los principios de aprendizaje de Ambrose *et al.* (2010) puede transformar la interacción con la IA de una simple delegación de tareas a una oportunidad de aprendizaje enriquecido. Recordemos brevemente estos siete principios y cómo se relacionan con el uso de la IA.

1. El conocimiento previo de los estudiantes influye en cómo aprenden. La IA puede ayudar a activar este conocimiento (p. ej., pidiéndole que relacione un nuevo tema con conceptos ya conocidos). Sin embargo, si la IA simplemente «da» la respuesta sin que el estudiante haga esta conexión, el aprendizaje es superficial. *Uso con IA:* Antes de pedir a la IA que genere un esquema sobre un tema, el estudiante debería intentar esbozarlo con su conocimiento previo y luego usar la IA para complementar o contrastar.

2. La forma en que los estudiantes organizan el conocimiento influye en cómo lo usan y lo recuerdan. La IA puede proponer estructuras (mapas conceptuales o esquemas). El estudiante debe evaluar críticamente estas estructuras y adaptarlas para construir una organización

significativa y personal. Por ejemplo, se puede pedir a un LLM que organice un conjunto de ideas clave en una tabla temática, pero luego el estudiante debe reorganizar o renombrar las categorías según su propio análisis y comprensión.

3. La motivación de los estudiantes determina, dirige y sostiene lo que hacen para aprender. La IA puede ser motivadora si se usa para superar bloqueos o explorar ideas de forma creativa. No obstante, si se usa solo como atajo para evitar el esfuerzo, la motivación será extrínseca y el aprendizaje, pobre. usarse debe enfocar el uso de la IA en abordar las partes más desafiantes o creativas de la investigación, en lugar de solo para las tareas mecánicas o para evitar el pensamiento profundo.

4. Para desarrollar maestría, los estudiantes deben adquirir habilidades componentes, practicar su integración y saber cuándo aplicar lo que han aprendido. La IA no debe usarse para saltarse el desarrollo de habilidades fundamentales (p. ej., análisis crítico y argumentación). Puede, sin embargo, ofrecer un entorno para practicar ciertos componentes si el estudiante se enfoca en el proceso de interactuar con ella. De esta manera, se usaría la IA para generar un contraargumento a una afirmación propia y luego analizar críticamente la validez de ese contraargumento, en lugar de pedirle que «escriba la discusión».

5. La práctica dirigida por metas, junto con la retroalimentación específica, mejora la calidad del aprendizaje de los estudiantes. La IA puede ofrecer retroalimentación (p. ej., gramatical), pero es limitada. La retroalimentación del tutor y de los pares, procesada activamente, es crucial. La interacción con la IA puede ser una forma de práctica si se establecen metas claras de aprendizaje para esa interacción. En este sentido, se pediría a la IA que critique un párrafo argumentativo propio, se analizaría sus comentarios (algunos pueden ser irrelevantes) y luego se reescribiría el párrafo, incorporando la retroalimentación válida y justificando los cambios.

6. El nivel de desarrollo actual de los estudiantes interactúa con el clima social, emocional e intelectual del curso para impactar el aprendizaje. Un uso ético y transparente de la IA, discutido abiertamente en el aula y con el tutor, contribuye a un clima de confianza y exploración intelectual.

7. Para convertirse en aprendices autodirigidos, los estudiantes deben aprender a monitorear y ajustar sus enfoques de aprendizaje (metacognición). Este es quizás el principio más crucial al usar IA. Implica monitorear activamente la propia comprensión y el proceso mismo. Algunas preguntas clave que la IA no puede plantearse por nosotros son: «¿Realmente entiendo esta explicación generada por la IA, o solo me parece coherente?», «¿Cómo puedo verificar esta información?»,

«¿Estoy usando esta herramienta para evitar pensar o para pensar mejor?». De esta manera, después de usar un conversador de texto para analizar un artículo, habría que escribir un breve resumen con las propias palabras y autoevaluar qué tan bien se comprendieron los puntos clave, identificando lagunas en la comprensión.

Integrar estos principios transforma el uso de la IA en una experiencia de aprendizaje activo y consciente, alineada con los objetivos de la educación universitaria y de posgrado.

2.2. HERRAMIENTAS PARA LA FASE DE PLANIFICACIÓN Y DISEÑO DEL TRABAJO ACADÉMICO

La fase inicial de planificación es determinante para el éxito del trabajo académico. Definir un tema relevante, viable y bien enfocado, junto con objetivos claros y un marco teórico preliminar, requiere exploración, reflexión y estructuración. Las herramientas de IA pueden actuar como potentes catalizadores en este proceso, siempre guiadas por la intención y el criterio del estudiante.

2.2.1. Exploración y refinamiento temático avanzado

Superar la página en blanco inicial o refinar una idea vaga es uno de los primeros obstáculos. La IA ofrece múltiples vías para explorar el panorama académico y encontrar un nicho significativo.
— **Uso práctico de Consensus y Elicit.** Estas herramientas, centradas en evidencia académica (Guía Ética AI, pp. 22, 24), son ideales para investigar el estado de la cuestión sobre temas específicos o identificar áreas de debate.
  • *Consensus* sirve para formular preguntas directas (de «sí» y «no» o de relación causa-efecto) sobre un área de interés. Por ejemplo, «¿Existe consenso académico sobre el impacto negativo del teletrabajo en la promoción profesional de las mujeres?». Sería necesario, como se viene explicando, analizar las respuestas sintetizadas y explorar los artículos fuente.
  • *Elicit* permite plantear preguntas de investigación más abiertas, como «¿Cuáles son los principales factores que afectan la conciliación laboral-familiar en trabajadores remotos del sector servicios?». El programa buscará artículos relevantes y podrá extraer información clave en formato tabla, facilitando la comparación y la identificación de vacíos.
  • En la práctica, se deben utilizar ambas herramientas de forma complementaria para obtener una visión más robusta y matizada del campo. Por ejemplo, Elicit para una exploración amplia y, luego, Consensus para validar hallazgos específicos o identificar el grado de acuerdo en la comunidad científica.

— **Técnicas de *prompt* para *brainstorming* temático con Perplexity y Gemini.** Estos asistentes avanzados, al tener acceso a información más amplia (incluyendo web y noticias recientes), pueden usarse para una lluvia de ideas más contextualizada, siempre verificando el carácter académico de las fuentes si es necesario (Guía Ética AI, pp. 25-32; Resumen TFM, 16:36).

  • Prompt *estructurado (ejemplo para Gemini o Perplexity):* «Actúa como un comité académico de [nombre del Grado/Máster/Doctorado, p. ej., Máster en Comunicación Digital]. Basándote en las siguientes tendencias sociales [mencionar 2 o 3 tendencias relevantes, p. ej., el auge de la desinformación online y la polarización política en redes sociales] y los objetivos del programa [resumir brevemente los objetivos o áreas de enfoque del programa], genera 10 propuestas de temas para un trabajo académico en [disciplina, p. ej., Comunicación Audiovisual], destacando su novedad y relevancia social. Para cada tema, sugiere 2 o 3 preguntas de investigación iniciales y menciona un posible enfoque metodológico (cualitativo, cuantitativo, mixto)».

  • Prompt *exploratorio (ejemplo para Perplexity):* «Estoy interesado en la intersección de [Tema A, p. ej., Inteligencia Artificial Generativa], [Tema B, p. ej., ética periodística] y [Tema C, p. ej., producción de noticias locales] en el contexto [geográfico y temporal, p. ej., europeo actual]. ¿Qué subtemas específicos o problemas de investigación poco explorados existen en esta área? Proporciona referencias académicas o informes relevantes si es posible (últimos 3 años), priorizando fuentes con DOI o acceso abierto».

  • En la práctica, sería necesario intervenir constantemente los *prompts*, refinando los temas de interés y pidiendo a la IA que profundice en las propuestas más prometedoras, buscando ángulos novedosos o conexiones interdisciplinares. Guardar y organizar las ideas generadas.

— **Ejercicio práctico guiado 1: definir un tema de trabajo académico usando combinación de herramientas**

  0. Elija un área temática amplia de su interés y relacionada con sus estudios.

  1. Utilice Consensus o Elicit para formular 2 o 3 preguntas clave sobre el estado actual de la investigación en esa área. Anote los hallazgos principales y los vacíos aparentes, prestando atención a las fuentes citadas por estas herramientas.

  2. Utilice Perplexity o Gemini con un *prompt* estructurado (similar a los ejemplos anteriores, pero adaptado a su área y hallazgos de Elicit y Consensus) para generar 5 propuestas de temas específicos dentro de esa área, incorporando los vacíos identificados. Pídale que sugiera posibles enfoques metodológicos breves para cada uno.

3. Evalúe críticamente las propuestas según su viabilidad, originalidad, relevancia y su propio interés. Seleccione una y refínela hasta obtener un título provisional y 2 o 3 preguntas de investigación preliminares.

4. Presente el resultado a un compañero o tutor para obtener retroalimentación (opcional).

2.2.2. Formulación asistida de objetivos y preguntas de investigación

Una vez elegido el tema, la precisión en los objetivos y preguntas es vital. Estos deben ser claros, alcanzables y guiar toda la investigación.

— **Prompts avanzados para asegurar coherencia y viabilidad**

- Prompt *de alineación (ejemplo para ChatGPT o Gemini):* «Dado mi tema de investigación, '[título provisional del trabajo Académico]', y mi pregunta principal de investigación, [pregunta principal de investigación], redacta:

  o Un objetivo general que responda directamente a la pregunta principal.

  o Tres objetivos específicos que desglosen el objetivo general en metas alcanzables. Asegúrate de que estos objetivos específicos sean SMART (específicos, medibles, alcanzables, relevantes y con plazo implícito en el contexto del trabajo).

  o Para cada objetivo específico, formula una pregunta de investigación secundaria que se derive de él. Asegúrate de que todos los elementos sean coherentes entre sí y utilicen verbos de acción claros y apropiados para la investigación académica (p. ej., analizar, describir, evaluar, proponer, comparar e identificar)».

- Prompt *de crítica (ejemplo para ChatGPT o Gemini, alimentándolo con los objetivos y preguntas generados por el estudiante o por la IA en un paso previo):* «Revisa los siguientes objetivos y preguntas de investigación para un [tipo de trabajo, p. ej., TFG en Sociología] con una duración estimada de [duración, p. ej., 4 meses]:

  o [Listar objetivo general]

  o [Listar objetivos específicos]

  o [Listar preguntas de investigación secundarias]

  Evalúa:

  1. ¿Son coherentes los objetivos específicos con el objetivo general?

  2. ¿Son las preguntas secundarias derivaciones lógicas de los objetivos específicos?

  3. ¿Son los objetivos suficientemente específicos y medibles (o evaluables cualitativamente)?

  4. ¿Son realistas y alcanzables en el contexto de un [tipo de trabajo] y la duración mencionada?

  5. ¿Hay alguna ambigüedad o falta de claridad? Sugiere mejoras concretas para aumentar su claridad, enfoque y viabilidad, si es necesario».

- *Práctica.* Utilizar estos *prompts* para refinar las formulaciones iniciales, prestando atención a la lógica interna y la viabilidad. Es importante que el estudiante internalice los criterios de un buen objetivo (SMART) y una buena pregunta de investigación (clara, enfocada e investigable).
- *Verificación cruzada entre herramientas.* Probar los mismos *prompts* en diferentes LLMs (ChatGPT o Gemini) puede revelar distintas perspectivas o formulaciones, enriqueciendo el resultado final tras la evaluación y síntesis del estudiante. El estudiante no debe aceptar ciegamente la primera formulación, sino usar la IA como un «dialogador» que le ayude a pulir sus propias ideas.

2.2.3. Estructuración preliminar del marco teórico

Antes de sumergirse en la lectura intensiva, un mapa conceptual o esquema inicial del marco teórico es útil para guiar la exploración y la posterior redacción.

— **Uso de Research Rabbit y Connected Papers.** Estas herramientas son excelentes para visualizar las relaciones entre los artículos seminales o teorías identificadas en la fase de exploración temática. Ayudan a entender qué autores se citan entre sí, qué corrientes existen y cómo ha evolucionado el campo (*Guía Ética AI*, pp. 37, 39).
  - *Práctica.* Primero, introducir 2 o 3 artículos clave sobre el tema (identificados previamente o sugeridos por el tutor) en Research Rabbit o Connected Papers. Después, explorar los grafos generados, identificando *clusters* de investigación, autores centrales y la evolución temporal de las ideas (si la herramienta lo permite). Esto puede ayudar a esbozar las principales secciones o debates del marco teórico.
— **Generación de esquemas conceptuales con LLMs.** Basándose en una lista de conceptos clave o lecturas preliminares, se puede pedir a un LLM que proponga una estructura lógica para el marco teórico.
  - Prompt *ejemplo (para ChatGPT o Gemini):* «Actúa como un experto en metodología de investigación. Estoy desarrollando el marco teórico para mi trabajo sobre [tema del trabajo]. Los conceptos clave que he identificado hasta ahora son: [listar 3-5 conceptos clave, p. ej., aprendizaje colaborativo, motivación intrínseca, herramientas digitales y educación superior]. Considerando que mi trabajo busca [exponer brevemente el objetivo principal, p. ej., analizar cómo el uso de herramientas digitales afecta la motivación intrínseca en el aprendizaje colaborativo en la universidad], propón una estructura de secciones y subsecciones lógica para organizar este marco teórico. Justifica brevemente la relación y el flujo entre las secciones propuestas. Sugiere también 1 o 2 teorías principales que podrían ser relevantes para fundamentar este marco».

- *Resultado esperado*. Una propuesta de esquema que el estudiante debe analizar críticamente, validar con sus propias lecturas y adaptar a sus necesidades específicas.
— **Consideración etica y práctica (conexión Ambrose *et al.*, 2010).** Distinguir entre mapeo de ideas y redacción original. Las visualizaciones y esquemas generados por IA son ayudas para la organización del pensamiento y del conocimiento (principio 2 de Ambrose), no constituyen redacción original ni análisis. El estudiante debe usar estos esquemas como guía para su propia lectura, síntesis y escritura crítica del marco teórico. La IA puede ayudar a «ver el bosque», pero el estudiante debe analizar los «árboles» y construir su propio camino.

2.3. HERRAMIENTAS PARA LA REVISIÓN BIBLIOGRÁFICA INTENSIVA

Esta fase consume mucho tiempo y requiere rigor. La IA puede ser una aliada poderosa para acelerar la búsqueda, el análisis inicial y la gestión de referencias, liberando tiempo para la lectura crítica y la síntesis, que siguen siendo tareas eminentemente humanas.

2.3.1. Estrategias de búsqueda avanzada con IA

— **Combinación de bases de datos y asistentes.** Un flujo de trabajo robusto suele implicar el uso combinado de diferentes tipos de herramientas.
  - *Flujo de Trabajo (ejemplo detallado)*
    1. **Bases de datos académicas tradicionales (Scopus, Web of Science, PubMed, etc.).** Iniciar con búsquedas amplias utilizando palabras clave cuidadosamente seleccionadas (incluyendo sinónimos y términos relacionados) y operadores booleanos (AND, OR, NOT). Si estas bases de datos integran funciones de IA para refinar búsquedas o sugerir artículos relacionados, es necesario explorarlas. Exportar los resultados más relevantes (p. ej., en formato RIS o BibTeX).
    2. **Exploración visual y por citaciones (Research Rabbit y Connected Papers).** Importar los artículos «semilla» (los más relevantes de la búsqueda anterior o aquellos ya conocidos y fundamentales) a estas herramientas. Analizar los grafos de citaciones para:
       - identificar trabajos seminales (muy citados),
       - encontrar trabajos recientes que citan los artículos semilla (desarrollos posteriores),
       - descubrir «trabajos similares» que no aparecieron en la búsqueda inicial
       - e identificar autores clave y sus redes de colaboración.

3. **Asistentes de investigación específicos (Elicit y Consensus).** Utilizar Elicit para plantear preguntas de investigación más específicas o para encontrar artículos que utilicen una metodología particular. Un ejemplo de *prompt* para Elicit podría ser: «Cuáles son las principales críticas a la [Teoría X] en el contexto del [Campo Y]» o «Encuentre artículos que utilicen el [Método Z] para estudiar el [Fenómeno W]». Usar Consensus para verificar el grado de acuerdo sobre afirmaciones concretas.

4. **Asistentes avanzados con acceso web (Perplexity y Gemini).** Utilizar Perplexity (configurando el «focus» en «academic» o «writing») o Gemini para búsquedas muy específicas, encontrar literatura gris (informes o tesis no publicadas en revistas) o para obtener resúmenes rápidos con fuentes citadas (que siempre deben verificarse). Un ejemplo de *prompt* para Perplexity puede ser: «Provide a summary of recent academic literature (last 2 years) on the ethical implications of using AI in higher education assessment, citing sources».

5. **Undermind u otras herramientas emergentes (opcional).** Si se tiene acceso y se considera pertinente, explorar herramientas como Undermind (Resumen TFM, 18:33) para funciones adicionales de búsqueda o análisis, siempre evaluando su fiabilidad.

- Supone una ventaja: esta combinación maximiza la cobertura (diferentes bases de datos y algoritmos), aprovecha las fortalezas de cada tipo de herramienta (visualización, respuesta directa a preguntas y búsqueda semántica) y permite un proceso iterativo de refinamiento.

— **Criterios para filtrar y seleccionar los artículos más relevantes asistidos por IA**

- **No confiar ciegamente** en los rankings de relevancia de la IA. Estos pueden basarse en métricas simples o no alinearse con los criterios específicos de la investigación.

- **Aplicar criterios propios y explícitos**
  ○ *Actualidad:* ¿es la fuente lo suficientemente reciente para el tema (considerando la disciplina)?
  ○ *Calidad de la revista o fuente:* ¿es una revista revisada por pares, con buena reputación, factor de impacto relevante (si aplica)? ¿Es una editorial académica reconocida?
  ○ *Metodología empleada:* ¿es la metodología rigurosa y apropiada para responder a las preguntas de investigación del artículo?
  ○ *Adecuación específica a las preguntas de investigación propias:* ¿realmente aborda el artículo los aspectos centrales del trabajo que se está realizando?
  ○ *Autoría:* ¿son los autores reconocidos en el campo? ¿Pertenecen a instituciones de prestigio?

- Leer *abstracts* y conclusiones antes de descargar o analizar el texto completo. Este filtro inicial ahorra mucho tiempo.
- **Priorizar.** Crear un sistema para clasificar los artículos encontrados (p. ej., «muy relevante o leer completo», «relevante o revisar» y «contextual o guardar por si acaso»).

2.3.2. Análisis y síntesis de literatura con conversadores de texto

Una vez recopilado un corpus de artículos (p. ej., 30-50 PDFs considerados relevantes tras el filtrado inicial), la IA puede acelerar drásticamente su análisis inicial, permitiendo al estudiante enfocarse en la síntesis crítica y la conexión de ideas.

— **Flujo de trabajo con NotebookLM:** ideal para trabajar con múltiples documentos simultáneamente (hasta 50 según Resumen TFM, 21:27).

1. **Crear un «source» (fuente) en NotebookLM:** nombrar la fuente de manera descriptiva (p. ej., «MarcoTeorico_Conciliacion»).
2. **Subir los PDFs seleccionados:** cargar los artículos que se desean analizar comparativamente.
3. **Plantear preguntas generales al conjunto de documentos**
    - *Ejemplo de preguntas comparativas:* «¿Cuáles son las metodologías predominantes en estos estudios sobre [tema]?», «¿Qué definiciones de [concepto clave] aparecen en estos textos? Cita la fuente para cada una», «¿Existen resultados contradictorios o debates no resueltos entre estos artículos sobre [aspecto X]?», «¿Qué limitaciones comunes mencionan los autores de estos estudios?».
    - NotebookLM citará los documentos específicos donde encuentra la información, lo que es crucial para la verificación.
4. **Seleccionar documentos individuales dentro de NotebookLM para preguntas más específicas.** Si un documento parece particularmente relevante a partir de las respuestas generales, se puede «enfocar» la conversación en él para profundizar.
5. **Utilizar la función de «noteboard» (o notas).** A medida que se obtienen respuestas y se identifican ideas clave, citas relevantes (¡siempre verificadas con el PDF original!) y reflexiones propias, ir extrayéndolas y organizándolas en el *noteboard*. Esto crea un primer borrador de síntesis. (Sugerencia visual: una captura de pantalla simulada de la interfaz de NotebookLM mostrando una pregunta al corpus y la respuesta con citas a los documentos fuente; al lado, el *noteboard* con notas organizadas).
    - La ventaja de esto es que permite una visión comparativa y sintética rápida del corpus documental, identificando patrones, consensos y disensos de manera más eficiente que la lectura lineal de cada artículo por separado para estas tareas iniciales.

— **Uso de ChatPDF y AskYourPDF (o Perplexity con carga de archivos).** Adecuados para interrogar en profundidad artículos individuales que resulten particularmente relevantes o complejos (Guía Ética AI, pp. 42, 43).

  • Ejemplo de preguntas específicas para un solo PDF: «En la página 7 de este documento, ¿qué justificación da el autor para usar [técnica estadística X]?», «Resume los puntos principales de la sección de discusión de este artículo», «¿Cuáles son, según este autor, las futuras líneas de investigación más prometedoras sobre [tema]?» e «Identifica todas las menciones al concepto [constructo Y] en este texto y resume cómo se utiliza en cada caso».

  • La ventaja es que permiten una «conversación» detallada con un documento, facilitando la extracción precisa de información sin tener que releerlo múltiples veces para cada detalle.

— **Perplexity como conversador de textos cargados.** Similar a los anteriores, permite subir un PDF y conversar sobre él, con la ventaja de poder conectar la información del documento con búsquedas web o académicas adicionales en la misma interfaz (Guía Ética AI, p. 44). Esto puede ser útil para verificar rápidamente un concepto mencionado en el artículo o encontrar trabajos relacionados con una idea específica del texto.

— **Ejercicio práctico guiado 2: analizar 5 artículos sobre un tema usando NotebookLM y ChatPDF**

  0. Seleccione 5 artículos en PDF sobre un aspecto específico de su tema académico (o un tema de interés).

  1. Cree una fuente en NotebookLM y suba los 5 artículos.

  2. Formule 3 preguntas comparativas al conjunto de artículos (p. ej., sobre metodología, hallazgos clave, limitaciones comunes, definiciones de un concepto central). Anote las respuestas y las fuentes citadas por NotebookLM. Verifique la exactitud de al menos una respuesta contrastándola con los PDFs originales.

  3. Elija uno de los artículos que parezca más denso o importante y ábralo en ChatPDF (o cárguelo en Perplexity). Formule 5 preguntas específicas sobre distintas secciones del artículo (introducción, metodología, resultados, discusión, conclusión).

  4. Compare la eficiencia y utilidad de ambas herramientas para esta tarea. Reflexione sobre la necesidad de verificar las respuestas contrastándolas con la lectura del PDF original. ¿Qué tipo de preguntas funcionaron mejor con cada herramienta? ¿Cómo podría integrar estas herramientas en su flujo de revisión bibliográfica?

2.3.3. Gestión de referencias y citación asistida:

Mantener un registro preciso y correctamente formateado de todas las fuentes es fundamental.

— **Integración de Zotero o Mendeley u otros gestores bibliográficos**
  - **Uso riguroso:** desde el inicio de la búsqueda, guardar cada artículo o fuente potencialmente relevante en un gestor bibliográfico. Utilizar carpetas o etiquetas para organizar las referencias según temas o secciones del trabajo.
  - **Funciones de IA (si disponibles y fiables):** explorar si las versiones recientes de estos gestores incorporan funciones de IA para sugerir artículos relacionados (basados en la biblioteca personal), verificar metadatos automáticamente o incluso generar resúmenes iniciales de los *abstracts* (sujeto a evolución tecnológica y siempre con verificación).
  - **Importancia de los metadatos correctos:** asegurarse de que los metadatos de cada entrada (autores, título, año, revista, DOI, etc.) sean correctos y completos, ya que de esto dependerá la correcta generación de la bibliografía final.

— **Uso de asistentes de citación APA 7 (u otro estilo requerido)**
  - **Herramientas online y funciones en procesadores de texto:** muchas herramientas online (p. ej., ZoteroBib o MyBib) o funciones integradas en procesadores de texto (como Microsoft Word o Google Documentos con *plugins*) pueden formatear citas y referencias en diversos estilos.
  - **Recursos específicos para citar IA:** consultar los recursos mencionados en el Resumen TFM (22:39, 31:38) y las guías de estilo actualizadas (como APA) para aprender a citar correctamente el uso de herramientas de IA (si se usaron para generar contenido específico que se incorpora) y las fuentes tradicionales. Generalmente, si la IA se usa como asistente para la búsqueda o para generar ideas que luego se reescriben completamente, se declara su uso en una sección de metodología o agradecimientos, pero no se cita como autor. Si se citara un texto generado directamente por IA (lo cual es generalmente desaconsejado y requeriría una justificación muy sólida), se seguirían las directrices específicas del estilo de citación para software o comunicaciones personales, si existen.

— **Consideración ética y práctica: la verificación manual de citas sigue siendo crucial**
  - **Ningún generador automático de citas es perfecto.** Siempre revisar la corrección y completitud de cada cita en el texto y cada entrada en la lista de referencias generada, contrastándola con las normas del estilo APA 7 (o el requerido por la institución) y las directrices específicas de la universidad.

- **Errores comunes para revisar:** puntuación, uso de mayúsculas, cursivas, orden de los autores, inclusión de DOIs o URLs activas, etc.
- **La responsabilidad final** sobre la exactitud de las citas y la bibliografía es del estudiante. Los errores en esta sección pueden tener un impacto negativo en la evaluación del trabajo.

2.4. HERRAMIENTAS PARA LA REDACCIÓN Y COMPOSICIÓN DEL BORRADOR

Esta fase requiere un uso especialmente cuidadoso y ético de la IA para evitar el plagio y asegurar la autoría. El foco debe estar en usar la IA como un asistente de ideas, un estructurador o un refinador, no como un escritor sustituto. El estudiante debe ser el arquitecto y el constructor principal del texto.

2.4.1. Técnicas de generación de texto controlada

— **Más allá del *prompt* básico.** Para obtener borradores iniciales más útiles de LLMs (ChatGPT, Gemini), usar *prompts* detallados y contextualizados.
  - **Especificar rol y audiencia:** «Actúa como un investigador experto en [disciplina, p. ej., Historia del Arte] escribiendo una sección de un capítulo de libro para una audiencia académica especializada (otros investigadores o estudiantes de posgrado)».
  - **Dar contexto y esquema (fundamental):** «Basándote en mi marco teórico, donde destaco [resumen breve de 1o 2 conceptos clave o teorías principales, p. ej., la iconografía de Panofsky y la teoría de la recepción de Jauss], y el siguiente esquema detallado para la sección de 'análisis de la obra X', [pegar esquema detallado creado por el estudiante, con los puntos principales que quiere abordar en su análisis, p. ej., 1) descripción formal de la obra; 2) análisis iconográfico de los elementos A, B, C; 3) contexto histórico y cultural de producción; y 4) posibles interpretaciones a la luz de las teorías mencionadas], redacta un borrador inicial de esta sección (aproximadamente 500 palabras)».
  - **Definir tono y estilo:** «Utiliza un tono formal, objetivo, analítico y erudito. Evita lenguaje coloquial, generalizaciones excesivas y juicios de valor no fundamentados».
  - **Establecer restricciones:** «Extensión aproximada: 500-700 palabras. Enfócate en desarrollar los puntos del esquema proporcionado. No incluyas conclusiones generales del trabajo en esta sección. No inventes información o citas; si necesitas referenciar, indica [referencia necesario aquí]».
  - **Solicitar fuentes (con extrema precaución y solo como punto de partida para verificación):** «Si es posible y conoces fuentes relevantes que respalden afirmaciones específicas sobre [aspecto muy concreto del

esquema], puedes mencionarlas, pero indicando claramente que deben ser verificadas. Por ejemplo, 'Algunos autores, como [sugerencia de autor, si es muy conocido en el campo], han señalado que... [verificar esta afirmación y fuente]'». La verificación posterior de cualquier sugerencia de fuente es absolutamente obligatoria por parte del estudiante.

— **Uso de IA para parafrasear o resumir (con ética)**
  - **Parafraseo ético:** Solo parafrasear texto propio previamente redactado si se busca una formulación alternativa, mayor claridad o concisión. Nunca usar IA para parafrasear texto de otras fuentes como forma de evitar el plagio (eso sigue siendo plagio y es fácilmente detectable por herramientas y por la falta de comprensión profunda). Siempre citar la fuente original del texto parafraseado si la idea no es propia.
    - Ejemplo de *prompt* para parafrasear texto propio: «He redactado este párrafo, pero creo que es demasiado denso: [pegar párrafo propio]. ¿Podrías sugerir 2 o 3 formas alternativas de expresarlo de manera más concisa y clara, manteniendo el significado original?».
  - **Resumen de ideas propias.** Usar IA para resumir notas extensas o secciones largas redactadas por uno mismo, para obtener una visión general, identificar puntos clave para una introducción o conclusión o facilitar la conexión entre ideas.
    - Ejemplo de *prompt* para resumir notas propias: «He tomado estas notas sobre [tema X] a partir de varias lecturas [pegar notas extensas]. Genera un resumen de 5 puntos clave que capturen las ideas principales».

— **Generación de diferentes versiones.** Pedir a la IA que genere 2 o 3 versiones alternativas de un párrafo o sección (basado en un *prompt* detallado), puede ofrecer distintas perspectivas o enfoques estilísticos. El estudiante puede luego evaluar estas versiones, combinarlas o usarlas como inspiración para su propia redacción original. Esto fomenta la reflexión sobre las diferentes formas de expresar una misma idea.
  - Ejemplo de *prompt*: «Basándote en la siguiente idea central, [Idea central del párrafo], redacta tres versiones diferentes de un párrafo de 100 palabras, una con un estilo más descriptivo, otra con un estilo más argumentativo y una tercera con un estilo más comparativo».

2.4.2. Integración de fuentes y evidencia en el texto asistido por IA

Este es un punto crítico donde la responsabilidad del estudiante es máxima.

— *Prompts* **para integrar citas (uso altamente riesgoso y generalmente desaconsejado).** Se puede experimentar pidiendo a la IA que inserte citas en un texto generado, pero esto es un gran riesgo, debido a la propensión de la IA a «alucinar» fuentes o citar incorrectamente.

- Ejemplo (con extrema precaución y solo si se tiene la fuente original a mano para verificación inmediata): «En el siguiente párrafo [pegar párrafo generado o propio, p. ej., 'La cultura organizacional influye significativamente en la adopción de nuevas tecnologías'], inserta una cita en formato APA 7 que respalde esta afirmación, utilizando información del artículo de [autor, año: página, p. ej., Schein, 2010: XX]. Asegúrate de que la cita sea pertinente y el parafraseo sea correcto».
- **Verificación obligatoria e inmediata.** Comprobar que la cita sea correcta y pertinente, que la afirmación esté realmente respaldada por la fuente citada en la página indicada y que el parafraseo (si la IA lo hace) sea fiel y no constituya plagio.
- Es preferible y más seguro insertar las citas manualmente o con un gestor bibliográfico después de que el estudiante haya verificado la conexión entre su argumento y la fuente.

— **Estrategias para asegurar la voz autoral y la correcta integración de evidencia**

- **Empezar con esquema propio y argumentos principales.** Siempre partir de una estructura y puntos clave definidos por el estudiante. La IA puede ayudar a desarrollar esos puntos, pero no a definirlos fundamentalmente.
- **Generar fragmentos cortos.** Usar IA para párrafos o secciones breves, no capítulos enteros. Esto facilita la revisión, reescritura y apropiación.
- **Reescritura sustancial (regla del 50 % -70 % o más).** Modificar, al menos, el 50 % -70 % del texto generado por la IA. Esto implica cambiar la estructura de las frases, el vocabulario, la organización de los párrafos y, sobre todo, añadir el propio análisis, interpretación, conexiones y ejemplos.
- **Añadir análisis crítico propio.** No limitarse a describir lo que la IA ha generado. Incorporar la propia interpretación, evaluación, juicio y perspectiva sobre la información presentada o los argumentos esbozados.
- **Transiciones propias.** Escribir personalmente las frases y párrafos que conectan las diferentes ideas, secciones o argumentos. Las transiciones lógicas son clave para la coherencia y reflejan el hilo conductor del pensamiento del autor.
- **Integración manual de evidencia clave.** Después de que la IA genere un borrador inicial de un argumento, el estudiante debe seleccionar y tejer manualmente las citas y la evidencia más pertinente de sus lecturas para sustentar, refutar o matizar esos puntos, asegurando que la evidencia realmente apoya la afirmación.

— **Ejercicio práctico guiado 3: redactar una sección del marco teórico usando IA para el borrador inicial y luego refinarla manualmente**

1. Seleccione una subsección de su marco teórico que quiera desarrollar (aproximadamente 500-700 palabras).

2. Cree un esquema detallado para esa subsección con los puntos clave, los conceptos principales que desea explicar, las teorías que va a discutir y las referencias principales que desea incluir (autores y años).

3. Utilice un LLM (ChatGPT o Gemini) con un *prompt* detallado (basado en las técnicas de la sección 2.4.1, incluyendo su esquema) para generar un borrador inicial de la subsección. Pídale que indique dónde se requerirían citas.

4. Guarde este borrador inicial generado por la IA.

5. Ahora, revise críticamente el borrador generado.
   o Verifique la exactitud de la información y la lógica de los argumentos.
   o Evalúe la coherencia, la profundidad y la claridad.
   o Identifique las posibles «citas» que la IA sugirió o los puntos donde se necesitaría evidencia.

6. Reescriba sustancialmente la subsección (objetivo: del 50 % al 70 % de modificación) con sus propias palabras, basándose en su esquema y notas.
   o Añada su propio análisis, interpretaciones y conexiones entre ideas.
   o Asegúrese de que el texto refleje su comprensión profunda del tema.
   o Inserte manualmente las citas correctas de sus fuentes primarias para respaldar sus afirmaciones, usando el formato APA 7 (o el requerido).

7. Compare su versión final manual con el borrador inicial generado por la IA. Reflexione sobre el valor añadido por su trabajo de reescritura, análisis e integración de fuentes. ¿Qué aprendió en el proceso de transformar el texto de la IA en un texto propio y académico?

2.4.3. Herramientas de apoyo a la escritura (gramática y estilo)

Una vez que se tiene un borrador sustancialmente propio, estas herramientas pueden ayudar a pulirlo.

— **Uso avanzado de Grammarly y similares**
   • Explorar las funciones más allá de la corrección de errores básicos. Utilizar las siguientes sugerencias.
      o *Claridad:* identificar y reformular frases largas, confusas o ambiguas.
      o *Concisión:* eliminar redundancias, palabras innecesarias y expresiones verbosas.
      o *Tono:* ajustar la formalidad del lenguaje para que sea apropiado para un texto académico.
      o *Fluidez:* mejorar las transiciones y la conexión entre frases.
   • (Guía Ética AI, p. 34).

— **Exploración de otras herramientas.** Investigar si existen herramientas específicas para escritura académica en español o en la disciplina particular que ofrezcan funcionalidades adicionales (p. ej., correctores de estilo especializados o verificadores de terminología específica).

— **Consideración ética y práctica (Conexión Ambrose *et al.*, 2010, metacognición)**
  • Entender por qué se acepta o rechaza una sugerencia y no aceptar cambios automáticamente. Reflexionar sobre la justificación de cada sugerencia de la herramienta mejora el propio aprendizaje de la escritura académica y el desarrollo de un estilo propio.
  • Preguntarse: «¿esta sugerencia realmente mejora la claridad o precisión o solo cambia el estilo a uno que no es el mío o el apropiado para este contexto?», «¿por qué la herramienta considera esto un error o una mejora?». Este proceso de autoevaluación es clave para la metacognición.

2.5. ESTUDIO DE CASO AMPLIADO: FLUJO DE TRABAJO INTEGRADO CON HERRAMIENTAS AI. UN EJEMPLO PRÁCTICO DETALLADO

La verdadera potencia de las herramientas de IA a menudo reside en su uso combinado y estratégico dentro de un flujo de trabajo coherente. Retomemos el caso de Ana (capítulo 1) y detallemos cómo podría integrar varias herramientas para desarrollar una sección específica de su marco teórico sobre «modelos teóricos de conciliación laboral-familiar aplicados al teletrabajo».

2.5.1. Retomando el caso de Ana: detalle del flujo de herramientas usadas

Ana necesita construir una base teórica sólida sobre los modelos de conciliación relevantes para su trabajo académico sobre teletrabajo y género. Su objetivo es identificar los modelos principales, entender sus postulados, críticas y cómo se han aplicado o podrían aplicarse al teletrabajo, especialmente en relación con las mujeres.

2.5.2. Paso a paso: flujo de trabajo integrado

1. **Identificación inicial de modelos y artículos clave (Elicit y búsqueda inicial en Scopus)**
   • **Acción (Elicit).** Ana usa Elicit con la pregunta: «¿Cuáles son los principales modelos teóricos utilizados para estudiar la conciliación laboral-familiar en contextos de trabajo flexible o teletrabajo? Lista los modelos y los artículos que los discuten o aplican».
   • *Resultado.* Elicit le proporciona una tabla con varios modelos (p. ej., modelo de conflicto de roles, modelo de enriquecimiento trabajo-familia, teoría de la conservación de recursos, perspectiva de género

en la conciliación, teoría de los límites) y los artículos que los mencionan. Anota los modelos más recurrentes y los artículos que parecen ser revisiones o aplicaciones importantes.

- **Acción (Scopus).** Realiza una búsqueda en Scopus con términos como «modelos de conciliación trabajo-familia y teletrabajo» para complementar y verificar.
- *Prompt* (conceptual para Elicit): «¿Cuáles son los principales modelos teóricos utilizados para estudiar la conciliación laboral-familiar?». (Luego puede refinar añadiendo el contexto de teletrabajo).

2. **Mapeo del campo y conexiones entre modelos (Research Rabbit)**
   - **Acción.** Ana selecciona 3 o 4 artículos clave identificados en el paso anterior (que representan diferentes modelos o son altamente citados) y los introduce como «semilla» en Research Rabbit.
   - *Resultado*. Research Rabbit genera un grafo que visualiza cómo estos artículos y modelos se conectan, qué otros autores trabajan en líneas similares y cuáles son los trabajos más citados o recientes en cada corriente. Ana identifica autores clave para cada modelo y observa cómo algunos modelos se critican o complementan entre sí.
   - *Prompt* (conceptual para Research Rabbit): simplemente introducir los DOIs o títulos de los artículos semilla y explorar las secciones «Similar Work», «Later Work» y «Authors Network».

3. **Análisis profundo del corpus y extracción de información detallada (NotebookLM)**
   - **Acción.** Ana descarga los 15-20 artículos más relevantes identificados a través de Elicit, Scopus y Research Rabbit. Los sube a una fuente en NotebookLM llamada «Modelos_Conciliacion_Teletrabajo».
   - *Resultado*
     - Formula preguntas comparativas: «¿Cómo definen estos artículos el ‹conflicto trabajo-familia› vs. el ‹enriquecimiento trabajo-familia› en el contexto del teletrabajo?», «¿Qué críticas se hacen al modelo de conflicto de roles en estos textos cuando se aplica al teletrabajo?», «¿Qué artículos aplican la Teoría de la Conservación de Recursos para explicar los desafíos de la conciliación en teletrabajo para mujeres?».
     - NotebookLM le proporciona respuestas sintetizadas citando los artículos específicos. Ana extrae definiciones clave, postulados, críticas y aplicaciones al teletrabajo a su *noteboard*, verificando siempre la información con el PDF original.
   - Un ejemplo de *prompt* (en NotebookLM) sería: «¿Compara las definiciones de 'conflicto trabajo-familia' y 'enriquecimiento trabajo-familia' presentes en los documentos cargados, indicando la fuente de cada definición y si se relacionan explícitamente con el teletrabajo».

4. **Generación del borrador inicial de la sección (ChatGPT-4 y Gemini, con esquema detallado)**
    *   **Acción.** Basándose en la información organizada en su *noteboard* de NotebookLM y el mapeo de Research Rabbit, Ana crea un esquema detallado para la sección de su marco teórico. Su esquema incluye:
        *   Introducción a los modelos de conciliación.
        *   Explicación del modelo de conflicto de roles (postulados, aplicación al teletrabajo y críticas).
        *   Explicación del modelo de enriquecimiento (postulados, aplicación y críticas).
        *   Explicación de la teoría de la conservación de recursos (postulados, aplicación y críticas).
        *   La perspectiva de género y la teoría de los límites como enfoques complementarios.
        *   Síntesis y relevancia para su estudio sobre mujeres.
    *   Luego, usa ChatGPT-4 con un *prompt* específico (ver ejemplo similar en 2.4.1, adaptado a su esquema y las fuentes clave que ya ha identificado).
    *   *Resultado.* Obtiene un borrador inicial estructurado que presenta los modelos, sus postulados principales, críticas y relevancia para el teletrabajo, basado en su esquema y las ideas clave extraídas.
    *   Ejemplo de *prompt* (fragmento): «Actúa como un experto o experta en sociología del trabajo y estudios de género. Basándote en el siguiente esquema [pegar esquema detallado] y la información clave analizada [puede mencionar brevemente los hallazgos principales de su *noteboard* de NotebookLM o incluso pegar algunas notas clave anonimizadas si el contexto es seguro], redacta un borrador (aproximadamente 1000-1200 palabras) para la sección de 'modelos teóricos de conciliación y teletrabajo'. Explica cada modelo (conflicto de roles, enriquecimiento, conservación de recursos, límites y perspectiva de género), menciona autores clave [Ana puede listar aquí los autores que quiere que se enfaticen, extraídos de sus lecturas] y discute sus críticas, su aplicabilidad específica al contexto del teletrabajo y la experiencia de las mujeres. Usa un tono académico formal y cita las fuentes principales cuando sea pertinente [Ana puede listar las referencias clave que quiere incluir para que la IA las incorpore si las conoce, o marcar alguna cita que considere necesaria]».

5. **Refinamiento, reescritura sustancial y escritura autoral (Manual y Grammarly)**
    *   **Acción.** Ana revisa críticamente el borrador de ChatGPT. Compara cada afirmación con sus notas de NotebookLM y los artículos

originales. Reescribe extensamente (más del 70 %), añadiendo su propio análisis sobre cómo estos modelos se aplican (o no) específicamente al caso de mujeres en el sector servicios en España pospandemia, conectando las teorías entre sí y asegurando transiciones lógicas y una voz coherente y propia. Inserta manualmente todas las citas en formato APA 7. Finalmente, usa Grammarly para pulir el estilo y la gramática.

- *Resultado*. Una sección del marco teórico robusta, bien fundamentada y que integra información de múltiples fuentes (gestionada eficientemente por IA en fases previas), pero cuyo análisis, estructura final, argumentación y redacción son claramente de Ana.

2.5.3. Ejemplo de prompts específicos utilizados (resumen): Ver pasos anteriores

Los *prompts* clave se han detallado en cada paso del flujo de trabajo. La esencia es ser específico, proporcionar contexto (como esquemas o hallazgos previos) y guiar a la IA hacia la tarea deseada, sin ceder la responsabilidad intelectual.

2.5.4. Reflexión sobre la eficiencia ganada y los puntos críticos de verificación humana

Ana estima que este flujo de trabajo integrado le ahorró varias horas, quizás días, en las fases de búsqueda bibliográfica inicial, organización de un gran volumen de artículos y extracción de información preliminar. Esto le permitió dedicar significativamente más tiempo a otros puntos del proceso.

— Lectura crítica y profunda de los artículos más relevantes.
— Análisis comparativo y síntesis original de los diferentes modelos teóricos.
— Conexión de la teoría con su pregunta de investigación específica y el contexto de su estudio.
— Redacción y reescritura cuidadosa para asegurar su propia voz, la coherencia argumental y la precisión conceptual.

Los puntos críticos donde la intervención humana fue absolutamente indispensable y no delegable a la IA fueron:

1. **Selección y evaluación final de la relevancia de los artículos:** la IA puede sugerir, pero el criterio final es humano.
2. **Comprensión profunda del contenido de las fuentes:** la IA extrae información, pero no «comprende» en el sentido humano. Ana tuvo que leer para entender los matices.
3. **Verificación de todas las síntesis y citas generadas o asistidas por IA:** contrastar con los originales para evitar errores o «alucinaciones».

4. **Elaboración del esquema detallado:** la IA puede proponer estructuras, pero el esquema final que guía la redacción debe ser producto de la comprensión y el plan de Ana.

5. **La reescritura analítica, la argumentación y la integración de su perspectiva específica en el borrador final:** esta es la esencia de la autoría.

6. **Inserción manual y verificación de todas las citas en formato APA 7.**

2.5.5. Adaptación del flujo a diferentes disciplinas

Este flujo de trabajo es adaptable.

— **En ingenierías o ciencias experimentales.** La fase de revisión bibliográfica podría enfocarse más en patentes, informes técnicos o artículos metodológicos muy específicos. Las herramientas de IA podrían usarse para analizar grandes conjuntos de datos numéricos (con herramientas especializadas, no LLMs generalistas para esto), generar código inicial para simulaciones (que debe ser rigurosamente depurado y validado) o para redactar secciones de «estado del arte» sobre tecnologías específicas.

— **En humanidades (p. ej., Historia, Literatura):** El análisis textual profundo de fuentes primarias seguiría siendo central y manual. Sin embargo, la IA podría ayudar algunas acciones.

    • Contextualizar autores o periodos históricos (usando Perplexity con foco académico para obtener información general con fuentes).

    • Identificar corrientes críticas o debates historiográficos (con Elicit o análisis de corpus de textos secundarios).

    • Mapear la recepción de una obra a lo largo del tiempo (si se dispone de un corpus digitalizado de críticas).

— **En Derecho.** La IA podría usarse para buscar jurisprudencia relevante (con bases de datos legales especializadas que integren IA) o para comparar legislaciones, pero la interpretación y aplicación de la ley al caso concreto seguiría siendo una tarea eminentemente humana y experta.

La clave es siempre adaptar las herramientas y el flujo de trabajo a las necesidades epistemológicas y metodológicas de cada disciplina, manteniendo los principios éticos y el control intelectual del investigador.

2.6. EJERCICIOS PRÁCTICOS INTEGRADORES Y DE REFLEXIÓN

2.6.1. Ejercicio 1: mapeo de herramientas

— Elija una de las fases de elaboración del borrador académico (planificación y diseño, revisión bibliográfica intensiva o redacción y composición del borrador).

— Identifique 3 tareas específicas dentro de esa fase que usted realiza habitualmente o que considera desafiantes.

— Para cada tarea, seleccione las herramientas de IA discutidas en este capítulo (Consensus, Elicit, Perplexity, Gemini, ChatGPT, Research Rabbit, NotebookLM, ChatPDF y Grammarly) que considere más adecuadas para asistir en esa tarea.

— Justifique brevemente su elección para cada herramienta, basándose en los criterios de eficiencia, fiabilidad, adecuación a la tarea y ética discutidos. ¿Qué precauciones específicas tomaría al usar cada herramienta para esa tarea?

2.6.2. Ejercicio 2: diseño de un flujo de trabajo personal

— Considere su propio tema académico (o un tema hipotético en su disciplina).

  • Esboce un flujo de trabajo paso a paso que integre al menos 3 herramientas de IA diferentes para elaborar una sección específica de su trabajo (p. ej., la introducción, una parte del marco teórico o la metodología).

  • Indique qué tarea específica realizaría con cada herramienta y qué resultado esperaría obtener de la IA en cada paso.

  • Identifique los puntos clave donde la verificación humana, el pensamiento crítico y la reescritura sustancial serían esenciales en su flujo propuesto para asegurar la calidad y la autoría.

  • De manera opcional, represente este flujo de trabajo visualmente (un simple diagrama de cajas y flechas).

2.6.3. Ejercicio 3: simulación de «depuración» de un texto generado por IA

— Genere un texto de 300-400 palabras con un LLM (ChatGPT o Gemini) sobre un tema académico que conozca bien, usando un *prompt* moderadamente detallado (p. ej., pídale que explique un concepto clave y sus aplicaciones, o que resuma un debate teórico).

— Lea críticamente el texto generado e identifique:

  • al menos, un posible error factual, una simplificación excesiva, o una «alucinación» (si la hay);

- una afirmación que sea demasiado general o superficial y que requiera mayor matización o evidencia;
- una frase o idea que podría estar sesgada o que presente solo una perspectiva de un tema complejo;
- una sección donde la coherencia lógica o la transición entre ideas sea débil.

— Edite y reescriba el texto (objetivo: del 50 % al 70 % de modificación) para corregir estos problemas, añadiendo precisión, profundidad, matices y su propio análisis. Inserte referencias si es necesario para sustentar las correcciones o adiciones. Utilice comentarios (si lo hace en un procesador de texto) para explicar los cambios clave realizados y por qué.

2.6.4. Preguntas de reflexión (conexión Ambrose *et al.*, 2010)

— **Organización del conocimiento (principio 2).** Al usar herramientas que visualizan redes (Research Rabbit) o permiten analizar múltiples documentos (NotebookLM), ¿cómo cambia mi forma de organizar la información y de percibir las relaciones entre ideas en comparación con métodos tradicionales? ¿Esta nueva organización facilita una comprensión más profunda y conectada o solo una gestión más eficiente de la información? ¿Cómo puedo asegurar que la organización sea significativa para mi aprendizaje?

— **Metacognición y autonomía intelectual (principio 7).** ¿En qué tareas específicas tiendo a confiar más (o a querer confiar más) en la respuesta de la IA sin un escrutinio suficiente? ¿Qué pasos concretos puedo dar para aumentar mi autoevaluación crítica en esas áreas y asegurar que mantengo la autonomía intelectual y la responsabilidad sobre mi trabajo? ¿Cómo puedo usar la IA para «poner a prueba» mi propia comprensión en lugar de solo para «obtener» información?

— **Motivación y transferencia (principios 3 y 4).** ¿Utilizar estas herramientas aumenta mi interés por explorar aspectos más complejos de mi tema o me inclina a buscar soluciones rápidas y superficiales? ¿Cómo puedo asegurar que las habilidades que practico con la IA (p. ej., formular preguntas precisas, sintetizar información de forma crítica e identificar patrones) se transfieran a otras tareas académicas donde no use IA o incluso a contextos profesionales?

— **Competencia y aprendizaje continuo (principios 4 y 5).** ¿Qué herramientas específicas siento que necesito practicar más para dominarlas de forma ética y efectiva? Dada la rápida evolución de estas herramientas, ¿cómo puedo mantenerme actualizado/a sobre sus nuevas funcionalidades, sus limitaciones emergentes y sus implicaciones éticas y prácticas de manera sostenible, sin sentirme abrumado/a? ¿Qué estrategias de «práctica deliberada» puedo emplear?

2.7. RESUMEN DE LAS HERRAMIENTAS EN LAS FASES DEL PROCESO

Este capítulo se ha centrado en la aplicación práctica y estratégica de las herramientas adecuadas de Inteligencia Artificial para la elaboración del borrador académico, construyendo sobre la base ética establecida en el capítulo 1 y los principios pedagógicos delineados por Ambrose *et al.* (2010). Se han explorado herramientas específicas y flujos de trabajo para cada fase del proceso.

— **Fase de planificación y diseño del trabajo académico**

- *Exploración y refinamiento temático.* Uso de Consensus y Elicit para identificar nichos, preguntas clave y vacíos en la literatura. Complementado con Perplexity y Gemini/ChatGPT para un *brainstorming* temático contextualizado, siempre con verificación de fuentes.

- *Formulación de objetivos y preguntas.* LLMs (ChatGPT o Gemini) para asistir en la redacción y crítica de objetivos SMART y preguntas de investigación alineadas, mediante *prompts* avanzados.

- *Estructuración preliminar del marco teórico:* Research Rabbit y Connected Papers para visualizar redes de autores y teorías. LLMs para proponer esquemas conceptuales iniciales, que deben ser validados y adaptados por el estudiante.

— **Fase de revisión bibliográfica intensiva**

- *Búsqueda avanzada.* Combinación de bases de datos tradicionales (Scopus o WoS) con asistentes como Undermind y Perplexity (Academic Focus) y herramientas visuales como Research Rabbit.

- *Análisis y síntesis de literatura.* Uso intensivo de conversadores de texto como NotebookLM (para análisis comparativo de múltiples documentos y organización de notas) y ChatPDF, AskYourPDF o Perplexity con carga de archivos (para interrogación profunda de artículos individuales).

- *Gestión de referencias y citación.* Gestores bibliográficos como Zotero/Mendeley (explorando sus funciones IA) y asistentes de citación, siempre con verificación manual exhaustiva de cada cita y referencia.

— **Fase de redacción y composición del borrador**

- *Generación de texto controlada.* Uso de LLMs (ChatGPT, Gemini) con *prompts* muy detallados (especificando rol, audiencia, contexto, esquema, tono y restricciones) para generar borradores iniciales de secciones, que requieren una reescritura sustancial y apropiación intelectual por parte del estudiante.

- *Integración de fuentes y rvidencia.* Énfasis en la inserción manual o altamente supervisada de citas y en estrategias para asegurar la voz autoral (empezar con esquema propio, generar fragmentos cortos, reescritura sustancial, añadir análisis crítico y escribir transiciones propias).

- *Apoyo a la escritura (gramática y estilo).* Uso reflexivo de herramientas como Grammarly para pulir la forma, entendiendo las sugerencias antes de aceptarlas.

Se ha enfatizado la importancia de combinar herramientas en flujos de trabajo integrados y personalizados, adaptados a las necesidades de cada trabajo académico y disciplina. Fundamentalmente, se ha reiterado que el uso instrumental debe estar siempre guiado por principios pedagógicos (activación del conocimiento previo, organización significativa del conocimiento, metacognición, práctica deliberada y motivación intrínseca) y éticos (verificación constante, transparencia y responsabilidad autoral).

2.8. CONCLUSIONES: HACIA UNA COMPETENCIA DIGITAL CRÍTICA EN LA INVESTIGACIÓN UNIVERSITARIA

El dominio práctico de las herramientas de IA adecuadas se está convirtiendo rápidamente en una competencia digital crítica indispensable para la investigación en el siglo XXI, incluyendo la realización de trabajos académicos de calidad en la universidad y el posgrado. Ya no basta con saber buscar en bases de datos tradicionales, es necesario comprender y saber interactuar de forma eficiente y ética con un ecosistema tecnológico en constante evolución. Este capítulo ha buscado proporcionar las bases para desarrollar esa competencia.

2.8.1. La IA como parte del nuevo conjunto de habilidades investigadoras

La capacidad de seleccionar, utilizar y evaluar críticamente herramientas de IA debe integrarse en la formación universitaria y de posgrado como una habilidad investigadora más, junto con la metodología, la escritura académica y el pensamiento crítico. No se trata de reemplazar las habilidades tradicionales, sino de aumentarlas y adaptarlas a un nuevo entorno tecnológico. Implica saber cuándo y cómo usar la IA para potenciar la investigación, y cuándo sus limitaciones exigen recurrir a métodos más tradicionales o a un escrutinio humano más intenso.

2.8.2. La importancia de la curación y selección de herramientas adecuadas

El panorama de herramientas de IA es vasto y cambia rápidamente. Los estudiantes y tutores necesitan desarrollar criterios sólidos para «curar» su propio conjunto de herramientas preferidas y fiables, evaluando constantemente su utilidad, limitaciones, costes (no solo económicos, sino también de privacidad o dependencia) y comportamiento ético. La experimentación informada y reflexiva es clave, no la adopción acrítica de cualquier novedad.

2.8.3. Desafíos futuros: evolución de las herramientas y necesidad de aprendizaje continuo

Las herramientas de IA seguirán evolucionando, volviéndose más potentes y, potencialmente, más integradas en nuestro software cotidiano (procesadores de texto, gestores bibliográficos, plataformas de e-learning, etc.). Esto exigirá un compromiso con el aprendizaje continuo (*lifelong learning*) por parte de toda la comunidad académica para mantenerse al día, no solo técnicamente, sino también en la reflexión sobre las nuevas implicaciones pedagógicas y éticas que surjan. La capacidad de adaptarse y aprender a aprender será más importante que nunca.

2.8.4. Llamada a la acción: experimentación responsable y compartición de buenas prácticas

Invitamos a estudiantes y tutores a experimentar de forma responsable con las herramientas presentadas y otras que descubran, a adaptar los flujos de trabajo a sus contextos específicos y, muy importante, a compartir sus experiencias y buenas prácticas (tanto éxitos como desafíos y soluciones creativas) con sus pares y la comunidad académica en general. Solo a través de la experimentación colectiva, la reflexión crítica, el diálogo abierto y la investigación sobre el propio uso de estas tecnologías podremos construir un futuro donde la IA potencie genuinamente la investigación universitaria y de posgrado de manera ética, significativa y que fomente el aprendizaje profundo.

2.9. GLOSARIO DE TÉRMINOS TÉCNICOS Y HERRAMIENTAS

— **AskYourPDF:** herramienta de IA (plugin o independiente) que permite cargar documentos PDF y «conversar» con ellos, haciendo preguntas específicas sobre su contenido para obtener respuestas y resúmenes.

— **ChatPDF:** similar a AskYourPDF, es una aplicación web popular que permite interactuar conversacionalmente con archivos PDF, facilitando la extracción de información y la comprensión de textos largos.

— **Consensus:** motor de búsqueda académico basado en IA que responde preguntas buscando consensos (o disensos) en la literatura científica publicada, a menudo presentando los resultados de forma sintetizada y con referencias.

— **Connected Papers:** herramienta visual que crea grafos interactivos para explorar las conexiones (basadas en citas y cocitaciones) entre artículos académicos a partir de un «artículo de origen», ayudando a descubrir trabajos relacionados y la estructura de un campo.

— **Elicit:** asistente de investigación de IA diseñado para ayudar a automatizar partes del flujo de trabajo de investigación, como encontrar artículos relevantes, extraer información clave de ellos, resumir hallazgos basados en preguntas de investigación y generar ideas.

— **Flujo de trabajo (con IA):** secuencia de pasos o tareas organizadas que integran el uso de una o varias herramientas de IA de manera estratégica para lograr un objetivo específico en el proceso de investigación o escritura (p. ej., completar una revisión bibliográfica o redactar una sección del trabajo).

— **Ingeniería de *prompts* avanzada:** Técnicas para diseñar instrucciones (*prompts*) detalladas, estructuradas y contextualmente ricas para modelos de IA (especialmente LLMs), especificando rol, audiencia, contexto, formato de salida, restricciones, tono y ejemplos, con el fin de obtener resultados más precisos, controlados y útiles para tareas académicas.

— **NotebookLM (anteriormente Project Tailwind):** herramienta de Google basada en IA que permite cargar múltiples fuentes (PDFs, texto o webs) en un «cuaderno» y luego hacer preguntas, obtener resúmenes, tomar notas y generar mapas conceptuales sobre ese corpus documental específico.

— **Perplexity AI:** motor de respuesta basado en IA que combina búsqueda web y académica con capacidades de LLM, citando sus fuentes (lo que aumenta su fiabilidad respecto a LLMs que no lo hacen). Permite enfocar búsquedas (p. ej., «academic», «writing») y conversar con archivos cargados.

— **Research Rabbit:** herramienta de descubrimiento de literatura que utiliza artículos «semilla» para encontrar y visualizar trabajos relacionados, autores y colaboraciones a través de grafos interactivos, facilitando la exploración de un campo de investigación.

— **Undermind:** herramienta mencionada en el *Resumen TFM*, presumiblemente para búsqueda o análisis bibliográfico asistido por IA. (Requiere verificación externa de sus funcionalidades actuales, ya que no está detallada en la *Guía Ética AI*).

2.10. SUGERENCIAS DE LECTURAS COMPLEMENTARIAS Y RECURSOS ONLINE

Para profundizar en el uso práctico de herramientas de IA y mantenerse actualizado:

— **Blogs y expertos en IA para educación**
  • Buscar blogs de académicos reconocidos que investiguen y escriban sobre IA en educación superior (p. ej., Ethan Mollick, con su blog «One Useful Thing» es una excelente fuente, aunque en inglés; y Philippa Hardman, experta en IA y educación). Buscar referentes similares en el ámbito hispanohablante.

- Seguir hashtags relevantes en redes académicas y profesionales (como #AIinHE, #EdTechAI, #IAeducacion, #InvestigacionConIA en X –antes Twitter– o LinkedIn) para descubrir nuevos recursos, herramientas y discusiones.
- Explorar los recursos y publicaciones de organizaciones dedicadas a la tecnología educativa y la IA, como el Observatorio de IA de la UNESCO o iniciativas nacionales y universitarias.

— **Tutoriales y comparativas de herramientas**

- Buscar tutoriales específicos en YouTube para las herramientas mencionadas (p. ej., «Tutorial NotebookLM para investigadores», «Cómo usar Research Rabbit eficazmente» o «Guía de Elicit para revisión de literatura»). Muchos creadores de contenido educativo y tecnológico ofrecen guías prácticas.
- Consultar artículos de blogs tecnológicos o académicos que comparen herramientas de IA para investigación (teniendo en cuenta que se desactualizan rápidamente). Buscar comparativas que se centren en la utilidad para tareas académicas específicas.
- Unirse a comunidades online o foros de discusión de investigadores o educadores que estén explorando el uso de IA; a menudo se comparten consejos y descubrimientos de nuevas herramientas.

— **Recursos sobre ingeniería de *prompts* (enfocados en academia):**

- Existen numerosas guías y cursos online (gratuitos y de pago) sobre «prompt engineering». Buscar aquellos que estén específicamente enfocados en aplicaciones académicas, de investigación o de escritura científica.
- Sitios como «learnprompting.org», aunque generales, ofrecen buenos fundamentos. Universidades e instituciones de investigación están comenzando a ofrecer talleres y recursos sobre este tema.
- Experimentar con los *prompts* detallados proporcionados en este manual y adaptarlos es una excelente forma de aprender.

— **Mantenerse crítico y actualizado sobre la ética de la IA**

- Seguir las discusiones sobre los sesgos algorítmicos, la privacidad de los datos, el impacto ambiental de los grandes modelos de IA y las implicaciones de la IA generativa para la autoría y la propiedad intelectual.
- Consultar las guías éticas y las políticas sobre el uso de IA que vayan publicando las propias universidades, sociedades científicas y editoriales académicas.

2.11. BIBLIOGRAFÍA

Ambrose, S. A., Bridges, M. W., DiPietro, M., Lovett, M. C., & Norman, M. K. (2010). *How learning works: Seven research-based principles for smart teaching*. San Francisco, California: Jossey-Bass.

Barbadilla, D. (2025). *Resumen del video: TFM Master Relaciones Laborales* [Archivo PDF]. https://drive.google.com/file/d/1bVmVkPxo-5jqOBTd-gvc4xF8rvWNuIC1m/view?usp=sharing (Basado en el video: video https://www.youtube.com/watch?v=Nr68Og_NGA0)

Hattie, J. (2012). *Visible learning for teachers: Maximizing impact on learning*. Londres: Routledge.

Huston, T. (2009). *Teaching what you don't know*. Cambridge, Massachusetts: Harvard University Press.

Lugo Sánchez, L. J. (2023). *Guía para Uso Ético de la Inteligencia Artificial: Una Propuesta para la Investigación y Educación* [Archivo PDF]. https://drive.google.com/file/d/1TDgE1akMc-dZdLy5M3_-bPIaCQ992TGh/view?usp=sharing

RESUMEN DEL CAPÍTULO 2

El Capítulo 2 de *La IA como herramienta académica: su uso ético para elaborar trabajos fin de grado y de máster* transita desde los fundamentos éticos establecidos en el capítulo anterior hacia la aplicación instrumental y práctica de las herramientas de Inteligencia Artificial (IA). Su objetivo principal es dotar a estudiantes y tutores del conocimiento necesario para seleccionar y manejar eficazmente las herramientas de IA «adecuadas» en cada etapa de la creación del borrador académico, siempre dentro de un marco de uso responsable y pedagógicamente enriquecedor.

El capítulo comienza subrayando que la selección de herramientas no debe ser arbitraria, sino basada en criterios claros como la eficiencia real, la fiabilidad y precisión (verificando fuentes y minimizando «alucinaciones»), la adecuación a la tarea específica, la accesibilidad para el estudiante y la integración de principios éticos en su funcionamiento o uso. Se argumenta que el dominio de estas herramientas se está convirtiendo en una competencia digital crítica esencial en la investigación universitaria y de posgrado.

Antes de sumergirse en las herramientas específicas, el capítulo establece una conexión explícita con los principios pedagógicos de Ambrose *et al.* (2010), demostrando cómo la interacción con la IA puede transformarse en una experiencia de aprendizaje activo. Se detalla cómo usar la IA para activar el conocimiento previo, cómo participar activamente en la organización del conocimiento que la IA puede proponer, la importancia crucial de la metacognición (monitorear la propia comprensión y el proceso al usar IA), cómo utilizar las herramientas para la práctica deliberada y el procesamiento de retroalimentación, y cómo fomentar una motivación intrínseca y una mentalidad de crecimiento hacia la tecnología.

Posteriormente, el capítulo se estructura siguiendo las fases de elaboración del borrador, detallando herramientas y técnicas para cada una.

Para la dase de planificación y diseño, se exploran herramientas y estrategias avanzadas. Se describe el uso práctico de asistentes de investigación como Consensus y Elicit para identificar nichos temáticos, preguntas clave y vacíos en la literatura. Se profundiza en técnicas de ingeniería de *prompts* para utilizar LLMs (Perplexity, Gemini y ChatGPT) en el *brainstorming* temático, la formulación y refinamiento de objetivos y preguntas de investigación, asegurando coherencia y viabilidad mediante *prompts* específicos y verificación cruzada. También se aborda cómo herramientas visuales, como Research Rabbit y Connected Papers, junto con LLMs pueden asistir en la estructuración preliminar y el mapeo del campo teórico, siempre distinguiendo entre la organización de ideas y la redacción original.

En cuanto a la fase de revisión bibliográfica intensiva, el capítulo propone flujos de trabajo que combinan bases de datos tradicionales (Scopus o WoS, ahora con funciones IA) con asistentes especializados, como Undermind y Perplexity Académico, y visualizadores, como Research Rabbit. Se pone también un énfasis particular en el uso de conversadores de texto para el análisis y síntesis inicial de grandes volúmenes de literatura. Se detalla un flujo de trabajo específico con NotebookLM, destacando su capacidad para analizar múltiples documentos simultáneamente, responder preguntas comparativas y organizar notas. Se complementa con el uso de ChatPDF y AskYourPDF para interrogaciones profundas de artículos individuales. Se recuerda la importancia de la gestión de referencias, con herramientas como Zotero o Mendeley, y la necesidad imperativa de una verificación manual de todas las citas generadas o gestionadas con asistencia IA.

Para la fase de redacción y composición del borrador, el capítulo aborda el uso controlado de LLMs (ChatGPT y Gemini). Se enseñan técnicas de generación de texto controlada mediante *prompts* avanzados que especifican rol, audiencia, tono, estructura y restricciones. Se discute el parafraseo ético (solo de texto propio) y la generación de versiones alternativas. Un punto crucial es la integración de fuentes y evidencia, recomendando la inserción manual o altamente supervisada de citas y enfatizando estrategias para asegurar que la voz autoral domine sobre el texto generado (empezar con esquema propio, generar fragmentos cortos, reescritura sustancial, añadir análisis crítico y escribir transiciones propias). Se menciona el uso avanzado de herramientas de apoyo como Grammarly, no solo para corregir errores, sino también para mejorar claridad y estilo, siempre de forma reflexiva.

El capítulo consolida estos conceptos a través de un estudio de caso ampliado (Ana) que ilustra un flujo de trabajo integrado, combinando herramientas como Elicit, Research Rabbit, NotebookLM, ChatGPT y Grammarly para desarrollar una sección específica del marco teórico. Se detallan los pasos y los *prompts* utilizados y se reflexiona sobre la eficiencia ganada frente a los puntos críticos de intervención y verificación humana. Se sugiere también cómo adaptar estos flujos a diferentes disciplinas.

Además, se incluyen ejercicios prácticos integradores, diseñados para que el lector aplique lo aprendido: mapear herramientas adecuadas para tareas específicas, diseñar un flujo de trabajo personal con IA y simular la «depuración» de un texto generado por IA identificando y corrigiendo errores o superficialidades. Las preguntas de reflexión finales vuelven a conectar la práctica instrumental con los principios pedagógicos de Ambrose *et al.*, 2010, fomentando la autoevaluación sobre la organización del conocimiento, la autonomía intelectual, la motivación y el aprendizaje continuo necesario en este campo tecnológico en rápida evolución.

En resumen, el capítulo 2 proporciona el «cómo» práctico después del «por qué» ético del capítulo 1. Dota al lector de un conocimiento detallado sobre qué herramientas de IA usar, cuándo y cómo hacerlo de manera efectiva y pedagógicamente sólida para cada fase de la elaboración del borrador académico, desde la planificación hasta la redacción inicial, siempre enfatizando la necesidad del control crítico y la responsabilidad final del estudiante investigador. Concluye posicionando la competencia digital crítica como una habilidad esencial en la investigación universitaria y de posgrado actual y futura, llamando a la experimentación responsable y la compartición de buenas prácticas.

10 PUNTOS MÁS IMPORTANTES DEL CAPÍTULO 2

1. **Enfoque práctico y herramientas específicas:** el capítulo se centra en el uso práctico y estratégico de herramientas de IA específicas (Elicit, Consensus, NotebookLM, LLMs como ChatGPT o Gemini, Research Rabbit, etc.) para cada fase de elaboración del borrador académico, desde la planificación hasta la redacción inicial.

2. **Criterios de selección de herramientas IA:** la elección de herramientas IA debe basarse en criterios claros como eficiencia real (sin comprometer calidad de aprendizaje), fiabilidad (verificación de fuentes), adecuación a la tarea, accesibilidad y ética integrada (transparencia y privacidad).

3. **Conexión pedagógica fundamental (Ambrose *et al.*, 2010):** el uso de IA debe integrarse conscientemente con principios de aprendizaje como la activación del conocimiento previo, la organización significativa del conocimiento, la motivación intrínseca, la práctica deliberada con retroalimentación y, crucialmente, la metacognición para potenciar el aprendizaje profundo.

4. **Herramientas para planificación y diseño:** utilizar Elicit o Consensus para explorar el estado de la cuestión e identificar vacíos; LLMs con *prompts* avanzados para *brainstorming* temático y definición

de objetivos; y Research Rabbit o Connected Papers para mapear el campo teórico.

5. **Flujos de trabajo para revisión bibliográfica intensiva:** combinar bases de datos tradicionales con asistentes IA (Undermind o Perplexity) y usar intensivamente conversadores de texto (NotebookLM para análisis múltiple y ChatPDF para análisis individual), siempre con gestión rigurosa de referencias (Zotero o Mendeley).

6. **Redacción asistida controlada y ética:** usar LLMs para generar borradores iniciales basados en esquemas propios y detallados, aplicando *prompts* avanzados. Es imperativo realizar una reescritura sustancial (más del 50 %-70 %) para asegurar la voz autoral y el análisis propio así como evitar el plagio.

7. **Verificación humana indispensable en todo momento:** reiterar la necesidad crítica de verificar manualmente toda información, cita, referencia o síntesis generada o sugerida por la IA, contrastándola con las fuentes originales.

8. **Flujos de trabajo integrados y personalizados:** la combinación estratégica de diferentes herramientas IA en un flujo coherente y adaptado a la disciplina y tarea suele ser más efectiva que usar una sola herramienta para todo. El capítulo provee un ejemplo detallado (caso de Ana).

9. **Competencia digital crítica como habilidad investigadora esencial:** el dominio práctico y ético de estas herramientas es una nueva habilidad investigadora fundamental, que implica no solo saber usar la tecnología, sino también evaluarla críticamente y comprender sus implicaciones.

10. **Aprendizaje continuo y experimentación responsable:** dada la rápida evolución de la IA, es necesario un compromiso constante con el aprendizaje, la adaptación a nuevas herramientas y técnicas y la compartición de buenas prácticas dentro de la comunidad académica.

10 PREGUNTAS TIPO TEST SOBRE EL CAPÍTULO 2

1. ¿Cuál es el enfoque principal del capítulo 2 en relación con la IA y los trabajos académicos?
   a) Discutir únicamente los riesgos éticos de la IA y proponer nuevas legislaciones.
   b) Proporcionar una guía práctica sobre cómo seleccionar, utilizar éticamente y combinar herramientas de IA adecuadas para las distintas fases de elaboración del borrador.
   c) Analizar la historia del desarrollo de los LLMs y predecir su impacto futuro en la publicación científica.

2. Según Ambrose *et al.*, 2010 (citado en el capítulo), ¿qué principio pedagógico es crucial al usar IA para asegurar que el estudiante monitoree su propia comprensión y el proceso de aprendizaje?
   a) Activación del conocimiento previo, usando la IA solo después de haber explorado el tema por cuenta propia.
   b) Metacognición, reflexionando activamente sobre cómo se usa la IA y qué se está aprendiendo realmente.
   c) Motivación extrínseca, utilizando la IA principalmente para obtener mejores calificaciones con menos esfuerzo.

3. ¿Para qué son herramientas como Elicit y Consensus particularmente útiles en la fase de planificación?
   a) Generar presentaciones visuales (diapositivas) automáticamente a partir de un esquema del trabajo.
   b) Revisar la gramática y el estilo del texto final del borrador para asegurar su calidad profesional.
   c) Identificar nichos temáticos, preguntas clave, consensos o debates en la literatura académica existente.

4. ¿Cuál es la principal ventaja de usar NotebookLM en la revisión bibliográfica, según se describe en el capítulo?
   a) Su capacidad para detectar plagio automáticamente en los PDFs cargados, comparándolos con una base de datos global.
   b) Su habilidad para analizar múltiples documentos PDF simultáneamente, responder preguntas comparativas sobre ellos y ayudar a organizar notas.
   c) Su función para generar gráficos estadísticos complejos y visualizaciones de datos a partir de tablas en los artículos.

5. Al usar un LLM para redactar una sección del borrador, ¿cuál es el paso más importante que debe realizar el estudiante después de la generación inicial del texto por la IA?
   a) Aceptar el texto si suena coherente y gramaticalmente correcto, para ahorrar tiempo.
   b) Realizar una reescritura sustancial (modificando más del 50 %-70 %), añadiendo análisis propio, verificando toda la información y asegurando la voz autoral.
   c) Traducir automáticamente el texto a otro idioma y luego retraducirlo al original para verificar la originalidad semántica de la IA.

6. ¿Para qué tarea se menciona específicamente el uso de Research Rabbit y Connected Papers?
   a) Para conversar interactivamente con el contenido de un único documento PDF y extraer citas textuales.

    b) Para visualizar las conexiones (basadas en citas) entre artículos académicos, mapear un campo teórico y descubrir literatura relacionada.

    c) Para generar automáticamente la lista de referencias en formato APA 7 a partir de una bibliografía desordenada.

7. El capítulo enfatiza que la selección de una herramienta de IA «adecuada» debe basarse en criterios como:

    a) Únicamente el coste (preferir siempre las gratuitas) y la popularidad en redes sociales.

    b) La cantidad de funciones que ofrece, aunque no todas sean relevantes para la tarea académica.

    c) Eficiencia, fiabilidad (con verificación de fuentes), adecuación a la tarea, accesibilidad y ética integrada (transparencia y privacidad).

8. ¿Qué significa «parafraseo ético» con IA según el capítulo?

    a) Usar IA para reformular texto de otras fuentes y presentarlo como propio, siempre que se cambien al menos el 30 % de las palabras.

    b) Usar IA únicamente para reformular texto propio previamente redactado buscando mayor claridad o una formulación alternativa, nunca texto ajeno como forma de evitar el plagio.

    c) Citar directamente a la IA (p. ej., «ChatGPT, comunicación personal, 2024») como autora del párrafo parafraseado si la IA hizo la mayor parte del trabajo.

9. El estudio de caso ampliado de Ana ilustra principalmente:

    a) Cómo detectar plagio generado por IA utilizando software especializado y análisis forense de metadatos.

    b) Un flujo de trabajo integrado y ético que combina varias herramientas IA (Elicit, Research Rabbit, NotebookLM, ChatGPT y Grammarly) de forma asistida y controlada en diferentes pasos de la elaboración del marco teórico.

    c) Las limitaciones insuperables de las herramientas gratuitas de IA frente a las versiones de pago para la investigación académica seria.

10. ¿Cuál es la conclusión principal del capítulo respecto a las herramientas de IA en la investigación universitaria y de posgrado?

    a) Reemplazarán completamente las habilidades de investigación tradicionales en la próxima década, haciendo obsoleta la formación metodológica clásica.

    b) Son una moda pasajera, sin impacto real a largo plazo en la calidad de la investigación, y su uso debería ser desaconsejado.

    c) Forman parte de una nueva competencia digital crítica que requiere dominio práctico, uso ético, aprendizaje continuo y una integración reflexiva con los principios pedagógicos para potenciar la investigación.

SOLUCIÓN DE LAS PREGUNTAS TIPO TEST

1. b) Proporcionar una guía práctica sobre cómo seleccionar, utilizar éticamente y combinar herramientas de IA adecuadas para las distintas fases de elaboración del borrador.

2. b) Metacognición, reflexionando activamente sobre cómo se usa la IA y qué se está aprendiendo realmente.

3. c) Identificar nichos temáticos, preguntas clave, consensos o debates en la literatura académica existente.

4. b) Su habilidad para analizar múltiples documentos PDF simultáneamente, responder preguntas comparativas sobre ellos y ayudar a organizar notas.

5. b) Realizar una reescritura sustancial (modificando más del 50%-70%), añadiendo análisis propio, verificando toda la información y asegurando la voz autoral.

6. b) Para visualizar las conexiones (basadas en citas) entre artículos académicos, mapear un campo teórico y descubrir literatura relacionada.

7. c) Eficiencia, fiabilidad (con verificación de fuentes), adecuación a la tarea, accesibilidad y ética integrada (transparencia y privacidad).

8. b) Usar IA únicamente para reformular texto propio previamente redactado buscando mayor claridad o una formulación alternativa, nunca texto ajeno como forma de evitar el plagio.

9. b) Un flujo de trabajo integrado y ético que combina varias herramientas IA (Elicit, Research Rabbit, NotebookLM, ChatGPT y Grammarly) de forma asistida y controlada en diferentes pasos de la elaboración del marco teórico.

10. c) Forman parte de una nueva competencia digital crítica que requiere dominio práctico, uso ético, aprendizaje continuo y una integración reflexiva con los principios pedagógicos para potenciar la investigación.

CAPÍTULO 3.
ELABORACIÓN DEL BORRADOR: EL MARCO TEÓRICO CON HERRAMIENTAS ADECUADAS

3.0. INTRODUCCIÓN: LA COLUMNA VERTEBRAL TEÓRICA DEL TRABAJO ACADÉMICO

3.0.1. Recapitulación de capítulos 1 y 2: bases éticas y herramientas disponibles

Los capítulos anteriores han sentado las bases indispensables para abordar la elaboración del borrador de trabajos académicos en la era de la Inteligencia Artificial. El capítulo 1 estableció el marco ético, enfatizando la integridad académica, la responsabilidad autoral y la transparencia como pilares irrenunciables. El capítulo 2 nos sumergió en el ecosistema de herramientas de IA, detallando sus funcionalidades, criterios de selección y estrategias prácticas para su uso efectivo en las distintas fases del proceso, siempre conectando su aplicación con principios pedagógicos sólidos para un aprendizaje significativo (siguiendo a Ambrose *et al.*, 2010). Ahora, con esta doble base –ética e instrumental– estamos preparados para abordar la construcción de una de las secciones más cruciales y desafiantes de la investigación: el marco teórico.

3.0.2. ¿Qué es y por qué es crucial el marco teórico en un trabajo académico?

El marco teórico es mucho más que una simple revisión de lo que otros han escrito. Es la estructura conceptual y teórica que sustenta y da coherencia a toda la investigación (Resumen TFM, 24:08). Actúa como la columna vertebral del trabajo académico, proporcionando el andamiaje sobre el cual se construye el estudio.

Un marco teórico bien construido cumple múltiples funciones esenciales (Resumen TFM, 24:37, 25:12):

— **Contextualiza:** sitúa la investigación dentro de un campo de conocimiento existente, mostrando cómo se relaciona con debates, teorías y estudios previos.
— **Fundamenta:** proporciona la base lógica y teórica para las preguntas de investigación y los objetivos planteados. Explica por qué el problema de investigación es relevante desde una perspectiva académica y qué teorías ayudarán a abordarlo.
— **Define conceptos:** clarifica y delimita los conceptos clave que se utilizarán a lo largo del trabajo, asegurando un lenguaje preciso y consistente.
— **Identifica variables y constructos:** ayuda a identificar las variables o constructos teóricos relevantes para el estudio y las posibles relaciones entre ellos.
— **Guía la investigación:** orienta la elección de la metodología, el análisis de los datos y la interpretación de los resultados.

Es importante distinguir entre marco teórico y estado del arte o revisión bibliográfica. Aunque relacionados, no son idénticos. La revisión bibliográfica (o estado del arte) presenta una visión general y actualizada de la literatura existente sobre el tema (resumen TFM, 24:08, 26:44). El marco teórico es más selectivo y analítico: selecciona las teorías, modelos y conceptos específicos que son directamente relevantes para fundamentar y guiar la investigación propia, explicando cómo se utilizarán o aplicarán. Puede formar parte de la revisión de literatura o ser una sección diferenciada, dependiendo de la estructura del trabajo y las convenciones disciplinares.

3.0.3. El desafío de construir un marco teórico sólido

La elaboración del marco teórico suele ser uno de los mayores desafíos para los estudiantes. Requiere no solo encontrar literatura relevante, sino también comprenderla en profundidad, evaluar críticamente diferentes perspectivas teóricas, seleccionar las más adecuadas para la investigación propia, sintetizarlas de forma coherente y conectarlas explícitamente con las preguntas y objetivos del estudio. Este proceso exige habilidades analíticas, de síntesis, de argumentación y de escritura académica avanzada.

3.0.4. Objetivos de aprendizaje específicos del capítulo

Al finalizar este capítulo, los lectores serán capaces de:
— comprender la función esencial, la estructura típica y los componentes de un marco teórico robusto en el contexto de un trabajo académico;

— identificar y seleccionar teorías, modelos y conceptos clave pertinentes para fundamentar su propia investigación;
— utilizar herramientas de IA de forma estratégica y eficiente para asistir en el mapeo conceptual, la exploración y análisis de teorías y la redacción inicial de secciones del marco teórico;
— aplicar técnicas de escritura académica para presentar el marco teórico de forma clara, coherente, bien argumentada y debidamente referenciada;
— evaluar y refinar el borrador del marco teórico, asegurando su solidez conceptual, su alineación con los objetivos de la investigación y su rigor académico;
— conectar la construcción del marco teórico con principios pedagógicos que fomenten el aprendizaje profundo y la metacognición.

3.0.5. Hoja de ruta: pasos prácticos para elaborar el marco teórico con asistencia de IA

Este capítulo guiará al lector a través de un proceso práctico para construir el borrador del marco teórico. Comenzaremos estableciendo los fundamentos conceptuales y pedagógicos (reforzando la conexión con Ambrose *et al.*, 2010). Luego, detallaremos los pasos prácticos, desde el mapeo inicial de teorías hasta la redacción y revisión de las secciones del marco, indicando cómo las herramientas de IA discutidas en el capítulo 2 (como Elicit, Research Rabbit, NotebookLM y LLMs) pueden facilitar cada etapa de manera ética y efectiva. Incluiremos un estudio de caso detallado, ejercicios prácticos y conclusiones enfocadas en la construcción teórica significativa.

3.1. FUNDAMENTOS PARA LA CONSTRUCCIÓN DEL MARCO TEÓRICO

Antes de utilizar cualquier herramienta, es crucial comprender los elementos constitutivos de un buen marco teórico y cómo se relacionan con el proceso de aprendizaje y los objetivos de la investigación.

3.1.1. Identificación de conceptos clave y constructos teóricos

El primer paso es identificar los «ladrillos» fundamentales.
— Los conceptos clave son las ideas abstractas centrales para el estudio (p. ej., conciliación laboral-familiar, cultura organizacional, aprendizaje significativo y sostenibilidad empresarial). Deben derivarse directamente de las preguntas y objetivos de investigación.
— Los constructos teóricos son conceptos definidos específicamente dentro de una teoría particular. Su significado está anclado en el marco de esa teoría.

Identificar estos elementos con precisión desde el inicio es crucial, ya que guiarán la búsqueda y selección de teorías.

3.1.2. Selección de teorías pertinentes y relevantes

No todas las teorías relacionadas con un tema son útiles para un trabajo académico específico. Es necesario seleccionar aquellas que:

— **Expliquen.** Ofrezcan una explicación potente y coherente del fenómeno que se investiga o de las relaciones entre los conceptos clave.
— **Predigan (si aplica).** Permitan (en algunos casos, especialmente en enfoques cuantitativos) formular hipótesis y hacer predicciones sobre las relaciones entre variables.
— **Guíen.** Proporcionen un marco claro para la recopilación de datos, el análisis y la interpretación de los resultados. Deben ayudar a dar sentido a los hallazgos.
— **Sean viables.** Sean manejables dentro del alcance y profundidad del trabajo académico. No se trata de abarcar todas las teorías existentes, sino las más pertinentes y aplicables.
— **Sean actuales y/o fundacionales.** Considerar tanto teorías bien establecidas y fundacionales en el campo como desarrollos teóricos más recientes o adaptaciones críticas, según la naturaleza del estudio.

La selección implica un juicio crítico sobre la aplicabilidad, el poder explicativo y las limitaciones de cada teoría potencial en el contexto específico de la investigación.

3.1.3. La relación entre el marco teórico, los objetivos y las preguntas de investigación

Debe existir una alineación explícita y fuerte entre estos tres componentes.
— Las preguntas de investigación deben surgir, al menos en parte, de las lagunas, debates o aplicaciones no resueltas identificadas en el marco teórico. El marco teórico ayuda a justificar por qué estas preguntas son importantes y merecen ser investigadas.
— Los objetivos del trabajo deben ser alcanzables utilizando los conceptos, constructos y relaciones definidos o explorados en el marco teórico. El marco proporciona las «lentes» a través de las cuales se abordarán los objetivos.
— El marco teórico, a su vez, se construye seleccionando aquellas teorías y conceptos que son más relevantes para responder a las preguntas de investigación y alcanzar los objetivos propuestos.

Esta interdependencia asegura la coherencia y el rigor del estudio.

3.1.4. Estructura típica de un marco teórico

La organización de un marco teórico puede variar según la disciplina y la naturaleza del trabajo, pero a menudo incluye varios elementos esenciales (aunque no necesariamente como epígrafes separados o en un orden exacto).

— **Introducción al marco teórico:** breve presentación del propósito del marco, su importancia para el estudio y un avance de su estructura (qué teorías o conceptos principales se abordarán).

— **Antecedentes o evolución de las ideas (opcional):** si es relevante, un breve contexto histórico o el desarrollo de los conceptos o debates teóricos centrales.

— **Desarrollo de teorías y modelos seleccionados:** explicación detallada de cada una de las teorías o modelos principales que se utilizarán. Esto incluye:
  • autor principal (o autores) y origen de la teoría,
  • postulados o supuestos fundamentales,
  • principales constructos y sus definiciones dentro de la teoría
  • mecanismos explicativos clave,
  • evidencia empírica que la apoya (si es relevante)
  • y críticas, limitaciones o debates en torno a la teoría.

— **Definición de conceptos o constructos clave para la investigación:** presentación de las definiciones precisas y operativas de los términos centrales que se utilizarán en el estudio, basándose en las teorías discutidas o en la literatura relevante.

— **Relación con la investigación propia (síntesis y aplicación):** esta es una sección crucial donde se explica explícitamente cómo las teorías y conceptos seleccionados se aplicarán para abordar las preguntas y objetivos del trabajo. Puede implicar:
  • justificar por qué se eligieron esas teorías y no otras;
  • mostrar cómo las teorías ayudan a entender el problema de investigación;
  • indicar cómo los constructos teóricos se medirán o analizarán en la metodología;
  • si se combinan múltiples teorías, explicar cómo se integrarán.

La estructura puede ser temática (agrupando por temas o conceptos), cronológica (mostrando evolución de ideas) o por autores o escuelas de pensamiento. La claridad y la lógica del flujo argumental son primordiales.

3.1.5. Principios pedagógicos aplicados (Ambrose *et al.*, 2010): reforzando el aprendizaje profundo en la construcción del marco teórico

La construcción del marco teórico es un ejercicio de aprendizaje profundo que se beneficia enormemente de la aplicación consciente de los principios pedagógicos de Ambrose *et al.* (2010).

— **Organizar el conocimiento teórico de forma significativa (principio 2).** No basta con listar teorías, hay que estructurarlas de manera lógica, mostrando relaciones (p. ej., cómo una teoría critica o complementa a otra), comparaciones y contrastes. Esto crea una red de conocimiento más robusta y útil para el estudiante. La IA puede ayudar a visualizar estructuras (como se vio en la sección 2.2.3 con Research Rabbit), pero la organización significativa final (el porqué y el cómo se conectan las ideas) es una tarea cognitiva del estudiante que demuestra comprensión. Un ejemplo práctico con IA sería usar un LLM para generar un esquema inicial comparando dos teorías, pero luego el estudiante debe reescribirlo, añadiendo su propio análisis sobre las implicaciones de esas diferencias para su investigación.

— **Fomentar la metacognición al seleccionar y justificar teorías (principio 7).** El proceso de elegir qué teorías incluir y cuáles excluir y, fundamentalmente, de justificar esa elección es un ejercicio metacognitivo clave. Obliga al estudiante a evaluar su propia comprensión de las teorías, los límites y alcances de cada una y su relevancia específica para los objetivos y preguntas del trabajo. Preguntarse «¿por qué esta teoría y no otra para mi estudio?» es fundamental. La IA puede ofrecer un abanico de teorías, pero la selección razonada y justificada es una demostración de pensamiento crítico y aprendizaje autodirigido. Un ejemplo práctico con IA es que, después de que Elicit sugiera varias teorías, el estudiante no solo las lista, sino que escribe un párrafo justificando por qué ha seleccionado dos de ellas y descartado las demás para su investigación concreta.

— **Activar y conectar con el conocimiento previo (principio 1).** Al explorar nuevas teorías, el estudiante debe intentar conectarlas con conceptos, modelos o autores que ya conoce de su formación previa. La IA puede facilitar esta conexión si se le pregunta explícitamente (p. ej., «¿Cómo se relaciona la teoría X con la teoría Y que ya conozco sobre [tema]?»).

— **Promover la práctica dirigida y la retroalimentación (principio 5).** La redacción del marco teórico es una práctica de articulación de ideas complejas. Usar la IA para generar borradores iniciales (basados en esquemas propios) y luego reescribirlos sustancialmente es una forma de práctica. La retroalimentación del tutor sobre la selección teórica, la claridad de la exposición y la solidez de la argumentación es vital en esta fase.

Al aplicar estos principios, la construcción del marco teórico se convierte no solo en un requisito académico, sino en una oportunidad para un aprendizaje más profundo, crítico y significativo.

3.2. FASE PRÁCTICA: ELABORACIÓN ASISTIDA DEL MARCO TEÓRICO

Esta sección detalla un proceso paso a paso para construir el borrador del marco teórico, integrando estratégicamente las herramientas de IA adecuadas discutidas en el capítulo 2. El objetivo es utilizar la tecnología para potenciar la exploración, el análisis y la redacción, manteniendo siempre el rigor académico y el pensamiento crítico del estudiante.

3.2.1. Paso 1: mapeo conceptual y teórico con IA

Antes de escribir, es fundamental tener una visión clara del paisaje teórico relevante. La IA puede acelerar significativamente este mapeo, ayudando a identificar teorías, autores clave y debates centrales.

— **Uso de Research Rabbit y Connected Papers para visualización inicial**
  - Como se detalló en el capítulo 2 (sección 2.2.3), estas herramientas son excelentes para visualizar las conexiones entre teorías y autores clave.
  - **Acción.** Introducir 2 o 3 artículos seminales o revisiones de literatura sobre el tema general del trabajo académico en Research Rabbit o Connected Papers.
  - **Resultado Esperado.** Identificar rápidamente las principales escuelas de pensamiento, los debates centrales, los autores más influyentes en el campo teórico específico y cómo se relacionan sus ideas. Esto ayuda a responder a quiénes son los referentes, cuáles son las teorías dominantes o emergentes y cómo se conectan o contraponen. (Sugerencia visual: recordar o referenciar un pequeño esquema de un grafo de estas herramientas).

— ***Prompts* efectivos para Elicit o Consensus enfocados en la dimensión teórica**
  - **Acción.** Formular preguntas específicas a Elicit o Consensus para identificar teorías aplicadas a fenómenos o contextos concretos o para resumir debates teóricos.
  - *Ejemplos de* prompts *para Elicit*
    - «¿Qué modelos teóricos se utilizan predominantemente para analizar [fenómeno específico, p. ej., la adopción de tecnologías sostenibles por PyMEs] en [disciplina, p. ej., estudios de organización]?».
    - «Resume las principales críticas y limitaciones de la [teoría X, p. ej., Teoría de la Acción Razonada] cuando se aplica al [contexto Y, p, ej., comportamiento de salud en poblaciones vulnerables]».
    - «¿Cuáles son los principales debates teóricos actuales en torno al concepto de [concepto clave, p. ej., identidad digital]?».

- *Ejemplos de* prompts *para Consensus (para verificar el grado de acuerdo sobre una aplicación teórica)*
  - ○ «¿Existe evidencia académica que apoye la aplicación de la [teoría Z, p. ej., Teoría de la Autodeterminación] para explicar [resultado específico, p. ej., la motivación de los estudiantes en entornos de aprendizaje online]?».
- **Resultado esperado.** Obtener una lista de teorías o modelos relevantes, un resumen de sus aplicaciones o críticas y puntos clave de debate, siempre con referencias a artículos fuente para posterior consulta y lectura crítica.

— **Utilización de LLMs (ChatGPT y Gemini) para una primera estructuración o identificación de teorías (con alta necesidad de verificación)**
- Útil si las herramientas anteriores no arrojan resultados claros o si se busca una primera organización de ideas muy preliminar.
- **Acción.** Formular *prompts* que soliciten sugerencias de marcos teóricos pertinentes.
- Ejemplo de *prompt*: «Actúa como un académico experto en [disciplina relevante]. Basándome en mi tema de investigación '[título o idea central del tema]' y mi interés en explicar [aspecto central a explicar, p, ej., por qué algunas comunidades adoptan innovaciones sociales más rápidamente que otras], ¿qué marcos teóricos o conceptuales de [disciplina relevante o campos relacionados] podrían ser pertinentes para fundamentar mi estudio? Describe brevemente cada uno (1 o 2 frases) y sugiere 1 o 2 autores clave asociados con cada teoría, si los conoces».
- **Resultado esperado.** Una lista inicial de teorías potenciales que el estudiante deberá investigar y validar rigurosamente mediante lectura académica. La IA aquí actúa como un generador de hipótesis teóricas, no como una fuente de verdad.

— **Práctica guiada: crear un mapa visual o esquema inicial del paisaje teórico**
0. Elija el tema de su trabajo académico (o uno hipotético).
1. Use Elicit o un LLM (con el *prompt* de ejemplo anterior) para identificar 3 o 4 teorías potencialmente relevantes.
2. Para cada teoría identificada, encuentre 1 o 2 artículos seminales o revisiones de literatura utilizando las bases de datos académicas tradicionales (Scopus, Google Scholar, etc.).
3. Introduzca estos artículos clave en Research Rabbit o Connected Papers.
4. Explore los grafos generados. Identifique los autores más citados, las conexiones entre los artículos y las teorías y cualquier «cluster» temático o teórico que emerja.
5. Dibuje (manual o digitalmente, usando herramientas como Miro, Coggle o incluso PowerPoint y Google Slides) un mapa conceptual o un esquema

detallado que muestre las teorías principales, los autores clave asociados, las relaciones entre ellas (p. ej., críticas, desarrollos o aplicaciones a diferentes contextos) y cómo podrían conectarse preliminarmente con su tema de investigación. Este mapa servirá como guía inicial para el siguiente paso.

3.2.2. Paso 2: Profundización y análisis de teorías seleccionadas con IA

Una vez mapeado el terreno y seleccionadas las teorías más prometedoras, es necesario profundizar en la comprensión de sus postulados, supuestos, aplicaciones y críticas.

— **Uso de NotebookLM, ChatPDF y Perplexity con carga de archivos para análisis detallado de artículos**
  - Estas herramientas son ideales para analizar en detalle los artículos fundacionales, revisiones críticas o estudios de aplicación de las teorías elegidas.
- **Flujo**
1. Subir los PDFs clave (previamente seleccionados y descargados) a NotebookLM (si se quiere un análisis comparativo o trabajar con múltiples fuentes simultáneamente) o abrirlos individualmente en ChatPDF o Perplexity (para un interrogatorio más focalizado en un solo texto).
2. Formular preguntas clave dirigidas a extraer los componentes esenciales de cada teoría.
    - «¿Cuáles son los postulados o supuestos centrales de la [teoría X] según este autor o artículo?».
    - «¿Cómo define este artículo el constructo [nombre del constructo, p. ej., capital social] dentro del marco de la [teoría X]?».
    - «¿Qué evidencia empírica o argumentos lógicos presenta este autor para apoyar la [teoría X] o sus aplicaciones?».
    - «¿Qué críticas específicas a la [teoría X] se mencionan o discuten en la sección [X, p. ej., limitaciones o discusión] de este artículo?».
    - «¿Cómo se aplica o se ha aplicado la [teoría X] al estudio de [fenómeno o contexto relevante para la investigación propia] según este texto?».
- **Resultado esperado.** Extracción eficiente de los componentes esenciales de cada teoría (definiciones, postulados, supuestos, evidencia, críticas y aplicaciones), listos para ser sintetizados y analizados por el estudiante. La función *noteboard* de NotebookLM es útil para organizar esta información de manera comparativa si se trabaja con varios textos a la vez. Siempre se debe verificar la información extraída por la IA con el texto original del PDF.

— *Prompts* **para LLMs (ChatGPT y Gemini) para comparaciones o explicaciones iniciales (siempre con verificación posterior)**

- Útiles para obtener una primera síntesis o explicación de conceptos complejos o para comparar teorías, pero el resultado requiere validación y refinamiento con las fuentes originales.

- *Prompt* comparativo de ejemplo: «Actúa como un experto en [campo disciplinar]. Compara y contrasta la [teoría A, p. ej., Teoría del Comportamiento Planificado] y la [teoría B, p. ej., Modelo Transteórico del Cambio] en términos de: a) sus supuestos principales sobre [fenómeno, p. ej., el cambio de comportamiento en salud]; b) sus mecanismos explicativos clave; c) sus principales constructos; y d) sus limitaciones más comúnmente citadas. Si conoces autores clave de los textos que he estado revisando ([autor A, año X] para teoría A; [autor B, año Y] para teoría B), intenta basarte en ellos, pero indica si la información es general o específica de esos autores».

- *Prompt* explicativo de ejemplo: «Explica detalladamente el concepto de [constructo teórico, p. ej., disonancia cognitiva] según la [teoría X, p. ej., Teoría de la Disonancia Cognitiva de Festinger]. Menciona sus dimensiones o componentes principales, cómo se diferencia de conceptos similares (si aplica, p. ej., conflicto cognitivo) y un ejemplo de su aplicación en [contexto de investigación]».

- **Resultado esperado.** Un texto explicativo o comparativo inicial que sirve como base para la redacción propia, pero que debe ser rigurosamente contrastado con las fuentes primarias, corregido y enriquecido con el análisis del estudiante. La IA puede ayudar a estructurar la información, pero la profundidad y los matices deben provenir del investigador.

— **Práctica guiada: analizar en profundidad un artículo teórico clave**

0. Seleccione un artículo PDF que sea fundamental para una de las teorías de su marco teórico (p. ej., un artículo seminal, una revisión crítica importante).

1. Cárguelo en ChatPDF o Perplexity (o en NotebookLM, si va a analizar varios documentos de la misma teoría).

2. Formule al menos 8-10 preguntas específicas dirigidas a extraer:
    a) el argumento principal del artículo respecto a la teoría,
    b) los postulados clave de la teoría tal como se presentan o discuten,
    c) las definiciones de los constructos centrales,
    d) la evidencia (empírica o lógica) presentada para apoyar la teoría o sus argumentos,
    e) las críticas o limitaciones a la teoría mencionadas o implícitas,
    f) la conclusión principal del autor respecto a la teoría y su aplicabilidad,
    g) y cómo se relaciona esta teoría con otras teorías mencionadas en el artículo (si aplica).

3. Organice las respuestas obtenidas (y las citas de página que proporciona la herramienta) en un documento de notas estructurado.

4. Lea el artículo original completo. Verifique, complemente, corrija y enriquezca la información extraída con la IA, añadiendo sus propias interpretaciones y conexiones. Reflexione sobre qué aspectos la IA capturó bien y dónde se requirió una comprensión humana más profunda.

3.2.3. Paso 3: redacción asistida de secciones del marco teórico

Con una comprensión más profunda de las teorías seleccionadas, se puede iniciar la redacción del borrador de las diferentes secciones del marco teórico. En esta etapa, la IA se utiliza como un asistente controlado, ayudando a estructurar el texto y a generar un primer borrador de contenido que luego será intensamente revisado y reelaborado por el estudiante.

— **Estrategias de *prompt* para borradores iniciales (aplicar técnicas del capítulo 2, sección 2.4.1, adaptadas al marco teórico)**

- **Enfocar en una teoría específica**
  - ○ Ejemplo de *prompt* (ChatGPT o Gemini): «Actúa como un académico experto en [disciplina] redactando un marco teórico. Basándote en los siguientes puntos clave extraídos de mis lecturas de [autor X, año] y [autor Y, año] sobre la [teoría Z], [listar 3-5 postulados, críticas o aplicaciones clave ya identificados por el estudiante], redacta un borrador de aproximadamente 500 palabras explicando la [teoría Z]. Asegúrate de cubrir sus componentes principales, sus supuestos y sus críticas más relevantes para mi estudio sobre [tema de investigación]. Utiliza un lenguaje académico formal. Indica dónde serían necesarias citas específicas [marcador_cita]».

- **Enfocar en un concepto o constructo clave**
  - ○ Ejemplo de *prompt* (ChatGPT o Gemini): «Redacta un párrafo (aproximadamente 150-200 palabras) definiendo el concepto clave [nombre del concepto, p, ej., Resiliencia Organizacional] en el contexto de mi trabajo sobre [tema de investigación, p, ej., la adaptación de las empresas al cambio tecnológico]. Incluye sus dimensiones principales según [autor A, año] y cómo se diferencia o relaciona con el concepto de [concepto Y, p. ej., capacidad adaptativa] según [autor B, año]. Asegúrate de usar un lenguaje académico preciso y objetivo».

- **Resultado esperado.** Borradores iniciales de secciones o párrafos que sirven como un «andamio». Estos textos requieren una fuerte intervención del estudiante para verificar la exactitud de la información, refinar la argumentación, integrar las citas correctamente y, fundamentalmente, dar voz autoral y profundidad analítica.

— **Integración de la literatura relevante (supervisión humana crítica)**
  - La IA puede sugerir dónde insertar evidencia o incluso intentar generar frases con citas si se le proporcionan las fuentes, pero este proceso es propenso a errores y «alucinaciones».
  - **Práctica recomendada**
    1. El estudiante redacta el argumento principal de un párrafo o sección (puede ser a partir de un borrador inicial de la IA que ya ha sido sustancialmente modificado).
    2. Luego, el estudiante selecciona y busca activamente en sus lecturas las citas (directas o parafraseadas) y la evidencia que mejor respalden, maticen o incluso contradigan (si se quiere presentar un debate) ese argumento.
    3. Las citas se insertan manualmente o con la ayuda de un gestor bibliográfico, asegurando que la integración sea fluida, coherente y que la evidencia realmente apoye la afirmación. Si la evidencia no soporta el argumento inicial, este debe ser ajustado.
  - La selección final de citas y su integración lógica y persuasiva en el argumento es una tarea intelectual clave del estudiante.
— **Técnicas para asegurar la coherencia y el flujo lógico dentro del marco teórico**
  - **Esquema detallado siempre visible.** Mantener siempre visible el esquema general del marco teórico (creado en el paso 1 y refinado) y el esquema de la sección particular que se está redactando. Esto ayuda a mantener el rumbo y asegurar que cada parte contribuya al todo.
  - **Párrafos de transición escritos por el estudiante.** Escribir manualmente los párrafos o frases de transición que conectan diferentes teorías, conceptos o secciones. Estos «puentes» son cruciales para la coherencia y deben explicar explícitamente la relación lógica entre las ideas (p. ej., «A diferencia de la perspectiva X, la teoría Y propone que...», «Habiendo examinado el concepto A, es pertinente ahora considerar su relación con el constructo B...»).
  - **Relectura enfocada en la lógica y la fluidez.** Periódicamente, leer secciones completas (o incluso todo el borrador del marco) buscando específicamente la lógica argumental y la fluidez de las transiciones, no solo errores gramaticales.
    - *Uso cauteloso de LLMs para sugerencias de coherencia.* Se puede pedir a un LLM (con cautela y proporcionando el texto): «Revisa la coherencia lógica entre los siguientes dos párrafos [pegar párrafos]. ¿La transición es clara? Si no, ¿puedes sugerir cómo mejorarla manteniendo el significado?» La evaluación final y la implementación de cualquier cambio deben ser humanas.

— **Práctica guiada: redactar la explicación de una teoría integrando fuentes**

0. Elija una teoría central de su marco teórico (puede ser la misma del ejercicio anterior o una diferente).
1. Reúna sus notas (del paso 2) sobre los postulados, autores clave, constructos, aplicaciones, críticas, etc., y tenga a mano 2 o 3 artículos fundamentales sobre esta teoría.
2. Cree un esquema detallado para la sección que explicará esta teoría (p. ej., introducción a la teoría, supuestos, constructos principales, mecanismos, aplicaciones relevantes para su estudio y críticas o limitaciones).
3. Utilice un LLM con un *prompt* específico (basado en los ejemplos de la sección 3.2.3.1, incluyendo su esquema) para generar un borrador inicial de esta explicación.
4. Guarde este borrador inicial.
5. Reescriba completamente la sección basándose en su esquema, sus notas y, fundamentalmente, en su comprensión de los artículos fuente.
    o Asegure la precisión conceptual y la claridad de la exposición.
    o Añada su propia síntesis y análisis crítico sobre la relevancia de la teoría para su trabajo de investigación.
    o Integre manualmente citas directas o adaptaciones de los artículos fuente para sustentar sus explicaciones y argumentos, utilizando el formato APA 7 (o el requerido).
6. Compare su versión final, redactada y referenciada manualmente, con el borrador inicial generado por la IA. Reflexione sobre el valor añadido por su trabajo de reescritura, análisis, síntesis e integración de fuentes. ¿Qué aspectos del borrador de la IA fueron útiles como punto de partida y cuáles requirieron una intervención humana total?

3.2.4. Paso 4: revisión y refinamiento del marco teórico

Una vez redactado el borrador completo del marco teórico, es necesaria una revisión exhaustiva para asegurar su solidez, coherencia y alineación con el resto del trabajo. Esta fase es predominantemente humana, aunque la IA puede ofrecer asistencia puntual.

— **Autoevaluación (metacognición en Ambrose *et al.*, 2010, principio 7).** Revisar críticamente el propio trabajo haciéndose preguntas clave. Este es un ejercicio metacognitivo fundamental.
   • *Coherencia con preguntas y objetivos.* ¿Es el marco teórico coherente con mis preguntas de investigación y los objetivos generales de mi trabajo? ¿Justifica adecuadamente la necesidad de mi estudio?
   • *Claridad y precisión conceptual.* ¿He explicado claramente las teorías, modelos y conceptos seleccionados? ¿Son mis definiciones precisas y consistentes?

- *Justificación de la selección teórica.* ¿He justificado adecuadamente por qué elegí estas teorías y no otras? ¿He mostrado su pertinencia específica para mi problema de investigación?
- *Profundidad y criticismo.* ¿He sido crítico o crítica al presentar las teorías, mencionando sus limitaciones, supuestos o debates relevantes? ¿O he presentado las teorías de forma acrítica o superficial?
- *Fundamentación en la literatura.* ¿Está mi argumentación bien fundamentada con evidencia de la literatura académica? ¿Son mis citas precisas y están bien integradas?
- *Estructura y flujo lógico.* ¿Es la estructura del marco teórico lógica y fácil de seguir? ¿Son las transiciones entre secciones y párrafos claras y efectivas?
- *Definición de términos clave.* ¿He definido todos los términos técnicos o constructos teóricos clave que utilizo?
- *Relevancia y aplicabilidad.* ¿He explicado claramente cómo este marco teórico se conectará con mi metodología, análisis e interpretación de resultados?

— **Uso de herramientas de revisión gramatical y de estilo (IA como asistente de pulido)**
  - **Acción.** Utilizar Grammarly o herramientas similares (como se vio en la sección 2.4.3) para una revisión final de la claridad, concisión, gramática, puntuación y estilo del marco teórico.
  - **Práctica reflexiva.** Aplicar los cambios sugeridos por la IA de forma reflexiva, evaluando si cada cambio realmente mejora el texto en el contexto académico y si es consistente con el estilo deseado. No aceptar cambios automáticamente.

— **El papel crucial del tutor (validación experta)**
  - El marco teórico es una de las secciones que requiere una validación explícita y detallada por parte del tutor antes de proceder con el resto de la investigación (especialmente la metodología empírica).
  - **Acción del estudiante.** Presentar el borrador del marco teórico al tutor, idealmente junto con una breve explicación de las elecciones teóricas realizadas y cualquier duda específica.
  - **Función del tutor.** El tutor debe revisar:
    - la pertinencia y adecuación de las teorías seleccionadas para el problema de investigación,
    - la solidez y coherencia de la argumentación teórica,
    - la claridad en la exposición de conceptos y teorías,
    - la correcta definición y operacionalización (preliminar) de los constructos,
    - la alineación del marco teórico con los objetivos y preguntas de investigación
    - y la suficiencia y actualidad de la base literaria.

- La retroalimentación del tutor es fundamental (Hattie, 2012) y debe ser incorporada cuidadosamente por el estudiante para refinar y fortalecer el marco teórico. (Resumen TFM, 38:03, 38:34, dondese menciona la importancia del consenso y autorización del tutor para el marco).

Este proceso iterativo de redacción, autoevaluación, asistencia de IA para pulido y retroalimentación del tutor es clave para desarrollar un marco teórico sólido y convincente.

3.3. ESTUDIO DE CASO: CONSTRUCCIÓN DEL MARCO TEÓRICO SOBRE «LA INFLUENCIA DE LA CULTURA ORGANIZACIONAL EN LA ADOPCIÓN DE PRÁCTICAS SOSTENIBLES POR PYMES DEL SECTOR TECNOLÓGICO». UN EJEMPLO PRÁCTICO DETALLADO

Veamos cómo un estudiante, llamémosle David, podría aplicar este proceso de cuatro pasos para construir el marco teórico de su trabajo fin de máster.

— **Contexto:** David está investigando cómo la cultura organizacional influye en la decisión de las pequeñas y medianas empresas (PyMEs) del sector tecnológico para adoptar prácticas de sostenibilidad. Necesita un marco teórico que conecte los conceptos de cultura organizacional, adopción de innovaciones (específicamente, prácticas sostenibles) y las particularidades de las PyMEs tecnológicas.

— **Aplicación paso a paso de IA (con intervención humana crítica)**
  1. **Paso 1: mapeo conceptual y teórico con IA**
     - **Acción (Elicit).** David usa Elicit con preguntas como:
       - «¿Qué teorías explican la adopción de innovaciones (incluyendo prácticas de sostenibilidad) por las empresas?».
       - «¿Cuáles son los modelos teóricos más utilizados para analizar la cultura organizacional y su impacto en el comportamiento empresarial?».
       - «¿Existen marcos teóricos que integren cultura organizacional y adopción de sostenibilidad específicamente en PyMEs?».
     - *Resultado (Elicit)*. Identifica teorías clave como la Teoría de la Difusión de Innovaciones (Rogers, 1962), la Teoría Institucional (DiMaggio & Powell), la Teoría Basada en Recursos (RBV, Barney, 1991), y modelos de cultura organizacional (p, ej., Schein, 1980; Cameron & Quinn, 1999).
     - **Acción (Research Rabbit).** Introduce artículos seminales de estas teorías en Research Rabbit.
     - *Resultado (Research Rabbit)*. Visualiza las conexiones, identifica autores clave y comprueba cómo se han aplicado o criticado estas teorías. Observa que la Teoría Institucional y la RBV se usan a menudo

para explicar la adopción de prácticas por empresas, mientras que los modelos de Schein son fundamentales para entender la cultura.

- **Acción (mapa conceptual manual).** David crea un mapa conceptual inicial que sitúa los conceptos clave (cultura, sostenibilidad, adopción, PYME tecnológica) y sus posibles interrelaciones.

2. **Paso 2 profundización y análisis de teorías seleccionadas con IA**
   - **Acción (NotebookLM).** David sube artículos clave sobre la Teoría Institucional (TI), la Teoría Basada en Recursos (RBV) y el modelo de cultura de Schein a NotebookLM.
   - *Prompts* para NotebookLM
     - ○ «Resume los principales postulados de la Teoría Institucional según [autor X] y cómo explica la adopción de prácticas por las organizaciones».
     - ○ «¿Qué tipos de recursos considera la RBV como fuentes de ventaja competitiva y cómo podrían relacionarse con la adopción de sostenibilidad?».
     - ○ «Explica los tres niveles de la cultura organizacional según Schein y cómo pueden influir en la receptividad a nuevas prácticas».
   - *Resultado (NotebookLM).* Obtiene resúmenes y extracciones clave, que verifica con los PDFs originales. Comienza a ver cómo las presiones institucionales (TI), los recursos internos (RBV) y los supuestos culturales (Schein) podrían interactuar.
   - **Acción (ChatGPT para comparación inicial).** «Compara brevemente la Teoría Institucional y la Teoría Basada en Recursos en cuanto a sus explicaciones sobre por qué las empresas adoptan nuevas prácticas». (Resultado que luego contrasta con sus lecturas).

3. **Paso 3: redacción asistida de secciones del marco teórico**
   - **Acción (esquema detallado).** David crea un esquema para su marco teórico.
     - ○ Introducción al marco.
     - ○ La adopción de prácticas sostenibles como innovación (basado en Rogers).
     - ○ Perspectiva institucional sobre la adopción de sostenibilidad (presiones coercitivas, miméticas, normativas).
     - ○ Perspectiva de la Teoría Basada en Recursos (recursos y capacidades para la sostenibilidad).
     - ○ El Rol de la Cultura Organizacional (modelo de Schein como filtro o facilitador).
     - ○ Integración propuesta: cómo cultura, presiones y recursos interactúan en PyMEs *tech*.
   - **Acción (ChatGPT con esquema).** Para la sección sobre Teoría Institucional, David usa un *prompt* como: «Actúa como un experto en

teoría organizacional. Basándote en mi esquema [pega el punto 3 del esquema] y en los conceptos de isomorfismo coercitivo, mimético y normativo de DiMaggio & Powell (1983), redacta un borrador (aproximadamente 400 palabras) explicando cómo estas presiones institucionales pueden influir en que las PyMEs tecnológicas adopten prácticas sostenibles, aunque no sean obligatorias. Menciona brevemente ejemplos de cada tipo de presión en este contexto. [marcador_cita_dimaggiopowell]».

- **Acción (reescritura y adición).** David toma el borrador generado. Reescribe extensamente, añadiendo matices, ejemplos más específicos de su sector, y conectando explícitamente con el concepto de «legitimidad» que es central en la TI. Inserta manualmente la cita a DiMaggio & Powell y otras relevantes. Realiza un proceso similar para las otras secciones. En la sección 6 (integración), la redacción es casi enteramente suya, usando solo la IA para alguna reformulación de frases.

4. **Paso 4: revisión y refinamiento del marco teórico**
   - **Acción (autoevaluación).** David revisa su borrador completo del marco teórico usando las preguntas de la sección 3.2.4. Se da cuenta de que necesita fortalecer la conexión entre el modelo de Schein y cómo este puede «mediar» la respuesta de la PYME a las presiones institucionales.
   - **Acción (Grammarly).** Pasa el texto por Grammarly para una revisión de estilo y gramática.
   - **Acción (tutor).** Presenta el borrador a su tutor. El tutor valida la selección teórica general, pero sugiere, como David había intuido, profundizar en la interacción entre cultura y presiones institucionales y, quizás, considerar brevemente cómo las características de las PyMEs (flexibilidad y escasez de recursos) podrían influir en esta dinámica.
   - **Acción (revisión final).** David incorpora la retroalimentación del tutor, refinando la sección de integración y añadiendo un breve apartado sobre las particularidades de las PyMEs.

— **Ejemplo de resultado (fragmento comentado del borrador final de David)**
«Siguiendo la Teoría Institucional (DiMaggio & Powell, 1983), las PyMEs tecnológicas pueden adoptar prácticas sostenibles no solo por eficiencia interna, sino también por presiones del entorno. El isomorfismo coercitivo podría manifestarse a través de regulaciones ambientales incipientes o requisitos de grandes clientes (fuente X, año). El isomorfismo mimético jugaría un rol si las PyMEs líderes del sector adoptan estas prácticas, llevando a otras a imitarlas para ganar legitimidad (fuente Y, año). Finalmente, el isomorfismo normativo, impulsado por redes profesionales o formación especializada, podría fomentar la adopción a través de la profesionalización de

la gestión sostenible (fuente Z, año). *(Explicación clara de la teoría y sus mecanismos aplicados al contexto, con citas insertadas manualmente tras verificar su pertinencia)*. Sin embargo, la Teoría Institucional por sí sola no explica completamente por qué empresas bajo presiones similares responden de forma diferente. Aquí, la cultura organizacional, entendida según Schein (2010) como los supuestos básicos compartidos, valores y artefactos, actúa como un filtro mediador o un conjunto de capacidades distintivas. *(Análisis propio conectando teorías, fruto de la reflexión de David y la retroalimentación del tutor)*. Una cultura que valore la innovación y la responsabilidad social (valor declarado) y se refleje en rutinas y símbolos (artefactos) será más proclive a interpretar positivamente las presiones institucionales y a movilizar sus recursos internos (siguiendo la Teoría Basada en Recursos) para integrar la sostenibilidad. *(Argumento central del estudiante, tejiendo las diferentes teorías)*. Específicamente en PyMEs tecnológicas, la escasez de recursos podría hacer que la cultura y el liderazgo fueran aún más determinantes para superar estas barreras...».

3.4. EJERCICIOS PRÁCTICOS Y DE REFLEXIÓN

Para afianzar la comprensión y aplicación de las estrategias discutidas en este capítulo, se proponen los siguientes ejercicios:

3.4.1. Ejercicio 1: Iidentificación de conceptos y teorías con IA

— Seleccione su tema de trabajo académico (o uno preliminar si aún no está definido). Identifique 2 o 3 conceptos clave fundamentales para su investigación.
— Utilice Elicit o Consensus formulando preguntas específicas para cada concepto clave (p. ej., «¿Qué teorías explican [concepto clave, p. ej., la polarización afectiva] en el contexto de [su disciplina o campo de estudio, p. ej., la comunicación política digital]?» o «¿Cuáles son los principales modelos de [concepto clave, p. ej., liderazgo transformacional] y sus críticas?»).
— Analice los resultados. ¿Qué teorías o modelos parecen más relevantes? ¿Qué autores se repiten? ¿Hay debates teóricos evidentes o aplicaciones controvertidas?
— Anote sus hallazgos iniciales, incluyendo las referencias clave que proporcionan estas herramientas para su posterior lectura.

3.4.2. Ejercicio 2: esquematización asistida de una teoría

— Elija una de las teorías o modelos identificados en el ejercicio 1 (o una teoría central que ya conozca y sea relevante para su trabajo).

— Encuentre un artículo seminal o una buena revisión de literatura sobre esa teoría (puede usar Google Scholar, su biblioteca universitaria, o incluso pedir sugerencias a Elicit o Perplexity, verificando siempre la relevancia del artículo sugerido).

— Utilice un LLM (ChatGPT, Gemini) con un *prompt* como: «Actúa como un académico experto. Basándote en el artículo '[Título del artículo]' de [autor, año] sobre la [nombre de la teoría], genera un esquema detallado que explique los siguientes componentes de la teoría tal como se presentan en el artículo.

a) Supuestos básicos o premisas fundamentales.

b) Postulados o proposiciones clave.

c) Constructos principales definidos y cómo se relacionan.

d) Mecanismos explicativos que propone la teoría.

e) Principales críticas, limitaciones o áreas de debate de esta teoría (si el artículo los menciona)».

— Revise críticamente el esquema generado por la IA, comparándolo con su propia lectura y comprensión del artículo. Corrija, añada, elimine o reorganice los puntos según sea necesario para que el esquema sea preciso, completo y útil para su comprensión.

3.4.3. Ejercicio 3: redacción comparativa de una definición conceptual

— Seleccione un concepto clave de su marco teórico (p. ej., innovación social, bienestar subjetivo o competencia digital).

— **Parte A (manual):** Redacte un párrafo (aproximadamente 100-150 palabras) definiendo este concepto con sus propias palabras, basándose en 1 o 2 fuentes académicas que haya leído. Incluya la cita correspondiente en el formato requerido (p. ej., APA 7).

— **Parte B (asistida):** Utilice un LLM (ChatGPT, Gemini) con un *prompt* específico: «Redacta un párrafo (aproximadamente 100-150 palabras) definiendo el concepto '[nombre del concepto]' según [autor A, año de su fuente 1] y contrastándolo brevemente con la perspectiva de [autor B, año de su fuente 2], si es diferente. Destaca sus dimensiones principales según estos autores. Cita las fuentes en formato APA 7». (Proporcione a la IA los autores y años de las fuentes que usó en la parte A).

— **Parte C (refinamiento y reflexión)**

• Compare su redacción manual (parte A) con la generada por la IA (parte B).

• Evalúe la precisión, claridad, profundidad y adecuación de ambas definiciones.

• Cree una versión final mejorada, integrando lo mejor de ambas (si la IA aportó algo útil, como una estructura clara o una buena síntesis) pero asegurando que su propia voz, análisis y la correcta interpretación de las fuentes predominen.

- Añada una breve reflexión (2 o 3 frases) sobre qué aportó cada enfoque (manual *vs.* asistido) al resultado final y qué tuvo que corregir o mejorar del texto de la IA.

3.4.4. Preguntas de reflexión (enfoque en Ambrose *et al.*, 2010)

— **Organización del conocimiento (principio 2).** Al estructurar mi marco teórico (ya sea manualmente o con ayuda de esquemas de IA), ¿estoy simplemente listando teorías, una tras otra, o estoy creando conexiones significativas y una narrativa coherente entre ellas? ¿Cómo puedo usar diagramas, mapas conceptuales (incluso hechos a mano) o esquemas jerárquicos para visualizar y fortalecer estas conexiones y mi propia comprensión de la estructura teórica global de mi campo y de mi trabajo?

— **Metacognición (principio 7).** Durante la exploración y selección de teorías con IA (o sin ella), ¿qué preguntas me hago a mí mismo/a para asegurar que estoy evaluando críticamente su relevancia, sus supuestos y sus limitaciones, y no solo acumulando información? ¿Cómo identifico cuándo una explicación teórica (generada por IA o leída en una fuente) es superficial, demasiado general o potencialmente incorrecta, incluso si suena coherente a primera vista? ¿Qué estrategias uso para «saber lo que sé y lo que no sé» sobre las teorías que incluyo en mi marco?

— **Práctica y retroalimentación (principio 5).** ¿Cómo puedo usar la redacción del marco teórico (incluso la elaboración de borradores iniciales asistidos por IA que luego reescribo intensamente) como una forma de práctica deliberada para articular ideas teóricas complejas, sintetizar información de múltiples fuentes y construir argumentos sólidos? Al recibir retroalimentación de mi tutor sobre el marco teórico, ¿cómo la proceso para ir más allá de las correcciones puntuales y mejorar mi comprensión teórica y mis habilidades argumentativas?

— **Transferencia de conocimiento (principio 4).** ¿Cómo me aseguro de que las teorías y conceptos que presento en mi marco teórico no son solo elementos aislados que «cumplen un requisito», sino que realmente los comprendo lo suficiente como para aplicarlos de forma coherente y significativa en mi metodología, en el análisis de mis datos y en la interpretación de mis resultados? ¿Estoy construyendo un marco que sea verdaderamente útil para guiar mi investigación y no solo para cumplir formalmente con una exigencia académica sin aportar valor real al análisis?

3.5. PROCESO PRÁCTICO: SÍNTESIS VISUAL DEL FLUJO DE TRABAJO

Este capítulo se ha dedicado a desglosar el proceso de elaboración del marco teórico para el borrador de un trabajo académico, integrando el uso estratégico de herramientas de Inteligencia Artificial como asistentes. Se ha reafirmado la importancia crucial de esta sección como la columna vertebral que contextualiza, fundamenta y guía la investigación.

Se ha presentado un proceso práctico en cuatro pasos clave, indicando cómo la IA puede facilitar cada etapa, siempre bajo la supervisión y el control crítico del estudiante.

Diagrama del proceso de elaboración asistida del marco teórico

1. **Paso 1: mapeo conceptual y teórico con IA**
   - **Acciones clave**
     - Identificación inicial de teorías y autores (Elicit, Consensus y LLMs con verificación).
     - Visualización de redes teóricas (Research Rabbit y Connected Papers).
     - Creación de un mapa conceptual o esquema preliminar (manual, con apoyo de IA para ideas).
   - **Resultado:** visión general del paisaje teórico, primeras teorías candidatas.
   - **Rol humano esencial:** selección crítica, validación de sugerencias y creación del mapa inicial.
2. **Paso 2: profundización y análisis de teorías seleccionadas con IA**
   - **Acciones Clave**
     - Análisis detallado de artículos clave (NotebookLM, ChatPDF y Perplexity con carga de archivos).
     - Extracción de postulados, constructos, críticas y aplicaciones.
     - Comparaciones y explicaciones iniciales (LLMs con verificación).
   - **Resultado:** comprensión más profunda de las teorías elegidas e información organizada.
   - **Rol humano esencial:** lectura crítica de fuentes, verificación de extracciones de IA y síntesis inicial.
3. **Paso 3: redacción asistida de secciones del marco teórico con IA**
   - **Acciones clave**
     - Generación de borradores iniciales (LLMs, basados en esquemas detallados del estudiante).
     - Reescritura sustancial y adición de análisis propio.
     - Integración (preferiblemente manual) de citas y evidencia.
     - Asegurar coherencia y flujo lógico.

- **Resultado:** primer borrador de las secciones del marco teórico.
- **Rol humano esencial:** creación de esquemas, reescritura masiva y apropiación intelectual del texto, argumentación e integración crítica de fuentes.

4. **Paso 4: revisión y refinamiento del marco teórico**
   - **Acciones Clave**
     - Autoevaluación crítica (metacognición).
     - Uso de IA para pulido gramatical y estilístico (Grammarly).
     - Validación y retroalimentación del tutor (fundamental).
     - Incorporación de *feedback* y revisión final.
   - **Resultado:** borrador del marco teórico sólido, coherente y listo para la siguiente fase del trabajo.
   - **Rol humano esencial:** autocrítica, juicio sobre la calidad, diálogo con el tutor y decisiones finales de revisión.

El énfasis constante a lo largo de estos pasos ha sido en que, si bien la IA puede acelerar y potenciar la exploración y organización de la información teórica, la síntesis crítica, la selección justificada, la argumentación coherente y la conexión explícita con la propia investigación siguen siendo tareas intelectuales indelegables del estudiante.

3.6. CONCLUSIONES: MÁS ALLÁ DE LA RECOPILACIÓN, HACIA LA CONSTRUCCIÓN TEÓRICA SIGNIFICATIVA

La elaboración del marco teórico es uno de los momentos donde el estudiante demuestra su capacidad para dialogar con el conocimiento existente, identificar las lentes teóricas más adecuadas para su objeto de estudio y posicionar su propia contribución. La Inteligencia Artificial ofrece nuevas y potentes vías para navegar y gestionar la vasta literatura académica, pero no debe confundirse el medio con el fin. El objetivo no es simplemente recopilar teorías, sino construir un andamiaje teórico significativo y coherente que realmente ilumine la investigación.

3.6.1. La IA como facilitador de la exploración y organización teórica

Las herramientas adecuadas de IA, usadas estratégicamente, pueden reducir significativamente el tiempo dedicado a tareas de búsqueda y resumen inicial de información teórica. Esto permite al estudiante invertir más energía en la comprensión profunda, el análisis comparativo de las teorías y la identificación de sus matices y aplicaciones. Visualizar redes teóricas o interrogar documentos de forma conversacional puede abrir nuevas perspectivas y facilitar la organización del conocimiento, un principio clave para un aprendizaje efectivo (Ambrose *et al.*, 2010, principio 2). La IA puede ayudar a ver el «mapa» del territorio teórico, pero el investigador sigue siendo quien decide la ruta y explora el terreno.

3.6.2. La construcción del marco teórico como ejercicio intelectual clave

Utilizar IA para asistir en la elaboración del marco teórico no exime al estudiante de la tarea fundamental: construir activamente un marco teórico coherente, crítico y significativo. Esto implica varios pasos.
— Seleccionar críticamente las teorías más pertinentes, justificando dicha selección.
— Sintetizar la información de manera original y con voz propia.
— Analizar los supuestos, fortalezas y debilidades de las teorías elegidas en relación con el problema de investigación.
— Argumentar cómo y por qué esas teorías son relevantes.
— Conectar explícitamente el marco teórico con las preguntas, objetivos y metodología del estudio.

La IA puede proporcionar los «ladrillos» (información, ideas iniciales y borradores de secciones), pero el diseño arquitectónico, la ingeniería estructural y la construcción del edificio teórico son responsabilidad del arquitecto: el estudiante investigador.

3.6.3. La importancia de alinear el marco teórico con el resto del trabajo

Un marco teórico, por elegante o exhaustivo que sea, pierde su valor si no está intrínsecamente conectado y alineado con las preguntas de investigación, los objetivos, la metodología y el posterior análisis e interpretación de los resultados. Debe ser una herramienta viva que informe y guíe todo el proceso de investigación, no un capítulo aislado. La revisión constante de esta alineación a medida que avanza el trabajo es esencial.

3.6.4. Recomendaciones finales

Abordar el marco teórico requiere paciencia, rigor y pensamiento crítico. Para llevarlo a cabo, hay varias recomendaciones.
— **Empezar pronto.** No dejar la construcción del marco teórico para el final; debe desarrollarse en paralelo con la definición del problema y los objetivos.
— **Ser selectivo, no exhaustivo.** No intentar incluir todas las teorías remotamente relacionadas; enfocarse en las más pertinentes y explicativas para *su* estudio. Calidad sobre cantidad.

— **Ser explícito en las conexiones.** Articular claramente cómo cada teoría, modelo o concepto seleccionado contribuye a la comprensión del problema de investigación y a la consecución de los objetivos.

— **Ser crítico y reflexivo.** Presentar las teorías con sus matices, reconociendo sus supuestos, limitaciones o los debates que generan. Evitar la aceptación acrítica.

— **Usar IA estratégicamente.** Como un asistente para explorar, organizar información y generar borradores iniciales, pero reservando la síntesis profunda, la argumentación crítica y la redacción final para el intelecto humano.

— **Dialogar con el tutor.** Buscar retroalimentación temprana y frecuente sobre la selección de teorías, la estructura propuesta, la claridad de la argumentación y el contenido del marco teórico. La validación del tutor es crucial.

Un marco teórico bien construido, aunque asistido por IA en su elaboración, será siempre el reflejo de la madurez intelectual, la capacidad de análisis crítico y la rigurosidad investigadora del estudiante. Es el fundamento sobre el que se erige una investigación sólida y original.

3.7. GLOSARIO DE TÉRMINOS CLAVE (RELACIONADOS CON MARCO TEÓRICO)

— **Constructo teórico:** concepto abstracto, específicamente definido y desarrollado dentro del contexto de una teoría particular, que a menudo no es directamente observable pero se infiere a través de indicadores (p. ej., «inteligencia emocional» como constructo con varias dimensiones, «capital social» como constructo definido por sus componentes y efectos).

— **Concepto clave:** idea o término fundamental y recurrente en un campo de estudio o en una investigación específica, que requiere una definición clara y consistente para asegurar la comprensión (p. ej., sostenibilidad, globalización o aprendizaje significativo).

— **Estado del arte (state of the art) o revisión bibliográfica:** revisión exhaustiva y actualizada de los conocimientos más recientes (investigaciones, desarrollos, debates teóricos y empíricos) sobre un tema específico. A menudo forma parte o precede al marco teórico, proporcionando el contexto general de la investigación.

— **Marco teórico (*theoretical framework*):** estructura de conceptos, definiciones, teorías existentes, modelos y supuestos que sustentan, contextualizan y guían una investigación, proporcionando la base conceptual y el andamiaje lógico para el estudio, el análisis y la interpretación de los hallazgos.

— **Modelo (teórico o conceptual):** representación simplificada de una teoría, un fenómeno o un sistema complejo, que describe las relaciones entre sus componentes clave. Puede ser gráfico (diagrama), matemático (ecuaciones) o descriptivo (narrativa estructurada). Ayuda a visualizar y comprender las interconexiones.

— **Postulado (o proposición teórica):** afirmación fundamental, principio básico o tesis central de una teoría, que se asume como verdadera o se establece como punto de partida dentro de ese marco teórico (similar a un axioma en lógica).

— **Supuesto teórico (*assumption*):** creencia, condición o premisa que se da por sentada como base para una teoría o un modelo, aunque no siempre sea explícitamente declarada o empíricamente probada dentro de la misma. Es importante identificar los supuestos subyacentes de las teorías que se utilizan.

— **Teoría:** conjunto sistemático y coherente de conceptos, definiciones, constructos y postulados interrelacionados que presenta una visión estructurada de un fenómeno, especificando relaciones entre variables o factores, con el propósito de explicar y (en algunos casos) predecir dichos fenómenos.

— **Variable:** característica, atributo, propiedad o factor que puede cambiar, fluctuar o tomar diferentes valores y que es objeto de estudio, medición u observación en una investigación. El marco teórico ayuda a identificar las variables relevantes y a hipotetizar relaciones entre ellas.

3.8. SUGERENCIAS DE LECTURAS COMPLEMENTARIAS

Para profundizar en la construcción de marcos teóricos y la escritura académica.
— **Sobre construcción de marcos teóricos**
  - Booth, W. C., Colomb, G. G., & Williams, J. M. (Última edición). *The Craft of Research*. Chicago, Illinois: University of Chicago Press. (Especialmente los capítulos sobre argumentación, uso de fuentes y desarrollo de marcos conceptuales).
  - Creswell, J. W., & Creswell, J. D. (2018). *Research Design: Qualitative, Quantitative, and Mixed Methods Approaches*. Thousand Oaks, Callifornia: Sage Publications. (Incluye secciones muy útiles sobre el papel de la teoría en los diferentes enfoques de investigación).
  - Ravitch, S. M., & Riggan, M. (2016). *Reason & Rigor: How Conceptual Frameworks Guide Research*. Thousand Oaks, California: Sage Publications. (Texto enfocado específicamente en cómo los marcos conceptuales y teóricos guían todo el proceso de investigación, desde el diseño hasta el análisis).
  - Buscar manuales de metodología de investigación específicos de la disciplina académica del lector (p. ej., ciencias sociales, ingeniería, salud o humanidades), ya que suelen incluir secciones detalladas sobre la formulación y uso de marcos teóricos adaptados a las particularidades del campo.

— **Sobre escritura académica (con énfasis en claridad y argumentación)**

- Swales, J. M., & Feak, C. B. (2012). *Academic Writing for Graduate Students: Essential Tasks and Skills*. Ann Arbor, Michigan: University of Michigan Press. (Un clásico para estudiantes de posgrado, con excelentes ejemplos y ejercicios sobre cómo estructurar argumentos y secciones de trabajos académicos).

- Silvia, P. J. (2019). *How to Write a Lot: A Practical Guide to Productive Academic Writing*. Washington, Distrito de Columbia: American Psychological Association. (Ofrece consejos prácticos sobre el proceso de escritura, la superación del bloqueo y el desarrollo de hábitos de escritura efectivos).

- Graff, G., & Birkenstein, C. (2024). *They Say / I Say: The Moves That Matter in Academic Writing*. Nueva York: W. W. Norton & Company. (Enseña plantillas y estructuras argumentativas clave para dialogar con otras fuentes y presentar las propias ideas de forma persuasiva).

- Williams, J. M., & Bizup, J. (2021). *Style: Lessons in Clarity and Grace*. Nueva York: Pearson. (Un referente sobre cómo escribir de forma clara, concisa y elegante, principios esenciales para un marco teórico bien comunicado).

3.9. BIBLIOGRAFÍA

Ambrose, S. A., Bridges, M. W., DiPietro, M., Lovett, M. C., & Norman, M. K. (2010). *How learning works: Seven research-based principles for smart teaching*. San Francisco, California: Jossey-Bass.

Barbadilla, D. (2025). *Resumen del video: TFM Master Relaciones Laborales* [Archivo PDF]. https://drive.google.com/file/d/1bVmVkPxo-5jqOBTd-gvc4xF8rvWNuIC1m/view?usp=sharing (Basado en el video: video https://www.youtube.com/watch?v=Nr68Og_NGA0)

DiMaggio, P. J., & Powell, W. W. (1983). The iron cage revisited: Institutional isomorphism and collective rationality in organizational fields. *American Sociological Review, 48*(2), 147-160. https://doi.org/10.2307/2095101 (Ejemplo de cita para el estudio de caso)

Hattie, J. (2012). *Visible learning for teachers: Maximizing impact on learning*. Londres: Routledge.

Schein, E. H. (2010). *Organizational culture and leadership* (Vol. 2, 4th ed.). San Francisco, California: John Wiley & Sons. (Ejemplo de cita para el estudio de caso, asumiendo 4ª edición por ser un texto clásico actualizado).

RESUMEN DEL CAPÍTULO 3

El capítulo 3 de *Elaboración de Trabajos Académicos con Inteligencia Artificial de una Manera Ética y Eficiente* se sumerge en la construcción de uno de los pilares fundamentales de cualquier investigación rigurosa: el marco teórico. Partiendo de los fundamentos éticos y el conocimiento de herramientas de Inteligencia Artificial (IA) establecidos en los capítulos previos, este capítulo se enfoca específicamente en cómo elaborar esta sección crucial del trabajo académico de manera sólida, coherente y significativa, utilizando la IA como un asistente estratégico.

La introducción reafirma la importancia vital del marco teórico, describiéndolo como la «columna vertebral» conceptual que sustenta toda la investigación. Se detallan sus funciones esenciales: contextualizar el estudio dentro del conocimiento existente, fundamentar las preguntas y objetivos, definir conceptos clave de manera precisa, identificar variables o constructos relevantes y guiar el proceso metodológico y analítico posterior. Se establece una distinción clave entre el marco teórico y la revisión bibliográfica o estado del arte: mientras que esta última ofrece una visión panorámica de la literatura, el marco teórico es más selectivo y analítico, enfocándose en las teorías y conceptos específicos que se utilizarán para estructurar y explicar la propia investigación. Se reconoce el desafío que supone su construcción, exigiendo habilidades analíticas y de síntesis avanzadas.

Antes de abordar la aplicación práctica de la IA, el capítulo sienta las bases para la construcción del marco teórico. Se discute la necesidad de identificar los conceptos clave y constructos teóricos derivados de los objetivos, así como la importancia de seleccionar teorías pertinentes y relevantes que expliquen el fenómeno estudiado y guíen la investigación. Se subraya la alineación indispensable entre el marco, las preguntas y los objetivos. Se describen posibles estructuras para organizar el marco (temática, cronológica o por autores) y se conecta este proceso con principios pedagógicos clave de Ambrose *et al.* (2010), como la necesidad de organizar el conocimiento de forma significativa (no solo listar teorías) y fomentar la metacognición al seleccionar y justificar las elecciones teóricas.

La parte central del capítulo detalla una fase práctica en cuatro pasos para la elaboración asistida del marco teórico.

Paso 1: mapeo conceptual y teórico con IA. El objetivo es obtener una visión clara del paisaje teórico. Se recomienda usar herramientas como Research Rabbit o Connected Papers para visualizar redes de teorías y autores a partir de artículos seminales. Asistentes como Elicit y Consensus son útiles para identificar teorías aplicadas al tema específico o puntos clave de debate, siempre remitiendo a las fuentes originales. Los LLMs (ChatGPT y Gemini) pueden usarse con precaución para generar mapas conceptuales iniciales o listas estructuradas de teorías, que requieren validación posterior. Se incluye una práctica guiada para crear un mapa visual o esquema inicial.

Paso 2: profundización y análisis de teorías seleccionadas con IA. Una vez identificadas las teorías más pertinentes, es necesario comprenderlas a fondo. Herramientas como NotebookLM (para análisis comparativo de múltiples artículos) y ChatPDF, AskYourPDF o Perplexity con carga de archivos (para interrogación detallada de artículos individuales) son ideales para extraer postulados clave, supuestos, definiciones de constructos, evidencia presentada y críticas relevantes. Los LLMs pueden usarse, con verificación rigurosa, para generar comparaciones iniciales entre teorías o explicaciones detalladas de conceptos específicos, siempre contrastando con las fuentes primarias. Una práctica guiada se enfoca en analizar un artículo teórico clave usando un conversador de texto.

Paso 3: redacción asistida de secciones del marco teórico. Aquí se aplica la IA para facilitar la composición inicial, pero con control y supervisión constantes. Se utilizan las técnicas de *prompt* avanzado (vistas en el capítulo 2) para generar borradores iniciales que expliquen teorías, definan conceptos o presenten antecedentes, siempre a partir de esquemas y notas del estudiante. Se enfatiza que la integración de la literatura (citas) debe ser preferiblemente manual o altamente supervisada para asegurar la conexión entre el argumento y la evidencia. Se ofrecen técnicas para mantener la coherencia y el flujo lógico, como el uso de esquemas detallados y la redacción manual de párrafos de transición. La práctica guiada consiste en generar un borrador inicial de la explicación de una teoría y luego refinarlo sustancialmente de forma manual.

Paso 4: revisión y refinamiento del marco teórico. Esta etapa final implica una autoevaluación crítica por parte del estudiante (fomentando la metacognición), guiada por preguntas clave sobre la coherencia, solidez, pertinencia y claridad del marco construido. Se pueden usar herramientas como Grammarly para pulir la forma. Sin embargo, se destaca el papel crucial e insustituible del tutor en la validación del marco teórico, revisando la selección de teorías, la argumentación y la alineación con los objetivos, antes de que el estudiante avance a la metodología empírica.

Para ilustrar todo el proceso, se presenta un studio de caso detallado sobre la construcción de un marco teórico para un trabajo académico hipotético (influencia de la cultura organizacional en la adopción de sostenibilidad por PyMEs), mostrando paso a paso cómo se aplicarían las herramientas IA (Elicit, Research Rabbit, NotebookLM, ChatGPT y Grammarly) desde el mapeo inicial hasta la revisión final, incluyendo un fragmento comentado del resultado.

El capítulo también incluye ejercicios prácticos diseñados para que los lectores apliquen las técnicas aprendidas (identificar teorías con IA, esquematizar una teoría y redactar definiciones comparativamente) y preguntas de reflexión que conectan la práctica con principios pedagógicos (organización del conocimiento, metacognición, práctica, retroalimentación y transferencia).

En resumen, el capítulo 3 posiciona la elaboración del marco teórico como un ejercicio intelectual fundamental, donde la IA actúa como un potente facilitador para la exploración, el análisis inicial y la organización de la información teórica, pero donde la selección crítica, la síntesis profunda, la argumentación coherente y la conexión significativa con la investigación propia son prerrogativas y responsabilidades indelegables del estudiante investigador. Se concluye que el objetivo no es la mera recopilación de teorías, sino la construcción teórica significativa, potenciada pero no reemplazada por la tecnología. El capítulo finaliza con un glosario de términos clave relacionados con marcos teóricos y sugerencias de lecturas complementarias sobre metodología y escritura académica.

10 PUNTOS MÁS IMPORTANTES DEL CAPÍTULO 3

1. **Función crucial del marco teórico:** es la columna vertebral conceptual que contextualiza, fundamenta, define conceptos clave y guía toda la investigación académica, asegurando su coherencia y rigor.

2. **Marco teórico *vs.* revisión bibliográfica:** el marco teórico es selectivo y analítico, enfocándose en las teorías específicas que guiarán el estudio y explicarán los fenómenos, a diferencia de la visión panorámica y más descriptiva de la revisión bibliográfica.

3. **Alineación indispensable:** debe existir una conexión explícita y fuerte entre el marco teórico, las preguntas de investigación y los objetivos del trabajo para garantizar la coherencia del estudio.

4. **IA para mapeo y exploración teórica (paso 1):** herramientas como Research Rabbit, Elicit y Consensus son útiles para visualizar redes teóricas, identificar teorías relevantes, autores clave y debates, sirviendo como punto de partida para la selección.

5. **IA para análisis profundo de teorías (paso 2, supervisado):** conversadores de texto (NotebookLM y ChatPDF) pueden asistir en la extracción de postulados, constructos y críticas de artículos teóricos, pero siempre requieren verificación con la lectura original y el análisis del estudiante.

6. **Redacción asistida controlada para secciones teóricas (paso 3):** los LLMs pueden generar borradores iniciales de secciones teóricas si se basan en esquemas detallados proporcionados por el estudiante, pero exigen una reescritura sustancial y apropiación intelectual para asegurar la voz autoral y la precisión.

7. **Construcción teórica significativa, no mera recopilación:** el objetivo no es solo listar o describir teorías, sino estructurarlas lógicamente, compararlas, criticarlas y conectarlas explícitamente con la investigación propia para construir un argumento teórico sólido.

8. **Rol intelectual indelegable del estudiante:** la selección crítica de teorías, la síntesis profunda, la argumentación coherente, la justificación

de las elecciones teóricas y la integración de evidencia son tareas humanas fundamentales que la IA no puede reemplazar.

9. **Metacognición y principios pedagógicos en la selección:** el proceso de elegir y justificar teorías fomenta la autoevaluación de la comprensión y la relevancia (metacognición). La IA debe usarse de manera que apoye la organización significativa del conocimiento y el aprendizaje profundo.

10. **Validación del tutor esencial para el marco teórico (paso 4):** el marco teórico requiere una revisión y validación explícita por parte del tutor (sobre la pertinencia de las teorías, la solidez argumental y la alineación con objetivos) antes de proceder con la investigación empírica.

10 PREGUNTAS TIPO TEST SOBRE EL CAPÍTULO 3

1. ¿Cuál es la función principal del marco teórico en un trabajo académico, según el capítulo 3?
   a) Presentar únicamente los resultados de la investigación de forma estructurada.
   b) Sustentar conceptual y teóricamente la investigación, guiar su desarrollo y contextualizarla dentro del conocimiento existente.
   c) Describir detalladamente todos los artículos leídos para el trabajo, sin un orden particular.

2. ¿Cuál es la diferencia clave entre el marco teórico y la revisión bibliográfica o estado del arte?
   a) La revisión bibliográfica es siempre más larga y detallada que el arco teórico.
   b) El marco teórico es más selectivo y analítico, enfocándose en las teorías y conceptos específicos que guiarán y fundamentarán el estudio propio, mientras la revisión bibliográfica ofrece una visión más panorámica.
   c) El marco teórico solo incluye teorías muy antiguas y fundamentales, mientras la revisión bibliográfica se enfoca exclusivamente en lo publicado en los últimos dos años.

3. ¿Qué herramienta IA se recomienda específicamente en el capítulo para visualizar redes de teorías y autores y mapear un campo conceptual?
   a) Grammarly, para la corrección de estilo de las descripciones teóricas.
   b) Research Rabbit o Connected Papers, para explorar conexiones basadas en citas.
   c) ChatGPT, para generar directamente el marco teórico completo sin necesidad de fuentes.

4. Para analizar en profundidad artículos teóricos clave y extraer postulados o críticas, ¿qué tipo de herramienta como NotebookLM o ChatPDF es útil, según el capítulo?
   a) Gestores bibliográficos como Zotero, para organizar las referencias de las teorías.
   b) Herramientas de detección de plagio, para asegurar la originalidad de las teorías presentadas.
   c) Conversadores de texto que permiten interrogar PDFs y extraer información específica del contenido.

5. Al usar un LLM para redactar una sección del marco teórico, ¿qué es indispensable hacer después de la generación inicial del texto por la IA?
   a) Aceptar el texto si está bien escrito gramaticalmente y suena académico, para avanzar rápidamente.
   b) Verificar la información, realizar una reescritura sustancial con voz propia, añadir análisis crítico e integrar correctamente las citas.
   c) Traducir automáticamente el texto a otro idioma y luego retraducirlo al original para mejorar su fluidez y originalidad.

6. ¿Cuál de los siguientes NO es un paso recomendado en la fase práctica de elaboración asistida del marco teórico según el capítulo?
   a) Mapeo conceptual y teórico con IA, seguido de la creación de un esquema por el estudiante.
   b) Delegar completamente la selección de teorías y la redacción del análisis crítico a la IA para asegurar objetividad.
   c) Revisión y refinamiento del marco teórico con autoevaluación, uso de IA para pulido formal y, fundamentalmente, *feedback* del tutor.

7. ¿Qué principio pedagógico de Ambrose *et al.* (2010) se relaciona directamente con el proceso de evaluar la propia comprensión de las teorías seleccionadas y justificar explícitamente por qué se eligieron esas y no otras para la investigación?
   a) Motivación (principio 3), ya que elegir teorías interesantes motiva al estudiante.
   b) Conocimiento previo (principio 1), ya que se eligen teorías ya conocidas.
   c) Metacognición (principio 7), ya que implica monitorear y evaluar el propio proceso de selección y comprensión teórica.

8. ¿Por qué es crucial la validación del marco teórico por parte del tutor antes de continuar con la investigación empírica?
   a) Porque el tutor es el único que puede usar las herramientas de IA correctamente para verificar el marco.

b) Para asegurar la pertinencia teórica, la solidez argumental, la coherencia con los objetivos y la adecuada operacionalización de conceptos antes de iniciar la fase empírica.

c) Principalmente para cumplir un requisito burocrático del programa de estudios, sin una importancia real para la calidad del trabajo.

9. El estudio de caso de David sobre cultura organizacional y sostenibilidad ilustra cómo un estudiante:

a) Escribe todo el marco teórico manualmente sin ninguna ayuda tecnológica para asegurar la máxima originalidad.

b) Utiliza un flujo de trabajo integrado que combina varias herramientas IA (Elicit, Research Rabbit, NotebookLM y ChatGPT) de forma asistida y controlada, realizando una importante labor de análisis, síntesis y reescritura.

c) Depende exclusivamente de ChatGPT para construir todo su marco teórico, confiando en la capacidad de la IA para seleccionar y explicar teorías.

10. ¿Cuál es la conclusión principal del capítulo sobre el rol de la IA en la elaboración del marco teórico?

a) La IA puede reemplazar completamente al estudiante en la redacción del marco teórico si se usan los *prompts* adecuados.

b) La IA es un facilitador potente para la exploración, organización y redacción inicial, pero la construcción teórica significativa (selección crítica, síntesis y argumentación) sigue siendo una tarea intelectual indelegable del estudiante.

c) El uso de IA en el marco teórico es demasiado arriesgado y debería evitarse para mantener el rigor académico.

SOLUCIÓN DE LAS PREGUNTAS TIPO TEST

1. b) Sustentar conceptual y teóricamente la investigación, guiar su desarrollo y contextualizarla dentro del conocimiento existente.

2. b) El marco teórico es más selectivo y analítico, enfocándose en las teorías y conceptos específicos que guiarán y fundamentarán el estudio propio, mientras la Revisión Bibliográfica ofrece una visión más panorámica.

3. b) Research Rabbit o Connected Papers, para explorar conexiones basadas en citas.

4. c) Conversadores de texto que permiten interrogar PDFs y extraer información específica del contenido.

5. b) Verificar la información, realizar una reescritura sustancial con voz propia, añadir análisis crítico e integrar correctamente las citas.

6. b) Delegar completamente la selección de teorías y la redacción del análisis crítico a la IA para asegurar objetividad.

7. c) Metacognición (principio 7), ya que implica monitorear y evaluar el propio proceso de selección y comprensión teórica.

8. b) Para asegurar la pertinencia teórica, la solidez argumental, la coherencia con los objetivos y la adecuada operacionalización de conceptos antes de iniciar la fase empírica.

9. b) Utiliza un flujo de trabajo integrado que combina varias herramientas IA (Elicit, Research Rabbit, NotebookLM y ChatGPT) de forma asistida y controlada, realizando una importante labor de análisis, síntesis y reescritura.

10. b) La IA es un facilitador potente para la exploración, organización y redacción inicial, pero la construcción teórica significativa (selección crítica, síntesis y argumentación) sigue siendo una tarea intelectual indelegable del estudiante.

CAPÍTULO 4.
ELABORACIÓN DEL BORRADOR:
INTEGRANDO CONTENIDO CON ASISTENCIA DE IA

4.0. INTRODUCCIÓN: DEL MARCO TEÓRICO AL BORRADOR INTEGRADO

4.0.1. Recapitulación de capítulos 1-3: fundamentos éticos, herramientas y marco teórico

Los capítulos precedentes nos han guiado a través de un recorrido esencial para abordar la producción académica en el contexto actual, marcado por la irrupción de la Inteligencia Artificial (IA). Establecimos una sólida base ética en el capítulo 1, delineamos un arsenal de herramientas de IA adecuadas y estrategias para su uso práctico y pedagógico en el capítulo 2 (conectándolo con los principios de Ambrose *et al.*, 2010), y profundizamos en la construcción asistida de la columna vertebral de la investigación –el marco teórico– en el capítulo 3. Armados con estos fundamentos, llegamos ahora al corazón del proceso de escritura: la elaboración del borrador integrado del trabajo académico, donde todas las piezas comienzan a ensamblarse.

4.0.2. El desafío central: sintetizar y redactar el cuerpo del trabajo académico

Tras la planificación, la revisión bibliográfica y la construcción del marco teórico, el siguiente gran desafío es traducir todo ese trabajo previo en un texto coherente, argumentado y estructurado que comunique eficazmente la investigación realizada. Esta fase implica no solo redactar las secciones individuales (introducción, metodología, resultados, discusión y conclusiones), sino también asegurar que fluyan lógicamente, que los argumentos se desarrollen de manera progresiva y que todas las partes formen un todo unificado y convincente. Es una tarea que exige habilidades de síntesis, argumentación, claridad expositiva y una gestión eficiente del tiempo y la información.

4.0.3. ¿Qué implica «elaborar el borrador» en esta fase?

En el contexto de nuestro libro y basándonos en el proceso descrito en fuentes como el *Resumen del Video TFM* (p. 1), «elaboración del borrador» se refiere específicamente a la creación de la primera versión completa y estructurada del cuerpo principal del trabajo académico. Esto incluye:

— **Redacción de las secciones principales.** Dar forma escrita, argumentada y evidenciada a la introducción, la metodología, la presentación de resultados, la discusión de esos resultados (conectándolos con el marco teórico y la literatura) y las conclusiones finales.

— **Integración coherente.** Asegurar que las distintas partes del trabajo estén conectadas lógicamente, que la terminología sea consistente a lo largo del texto, que no haya contradicciones internas y que el argumento general progrese de manera fluida y convincente desde la introducción hasta las conclusiones.

— **El borrador como producto intermedio clave.** Entender que este borrador no es el trabajo final, sino un hito crucial que permite una visión global del estudio y sirve como base indispensable para la revisión, la mejora y, fundamentalmente, la retroalimentación del tutor (Resumen TFM, p. 2, «Revisión y mejora», «Colaboración con el tutor»). Es un «prototipo» del trabajo final.

4.0.4. La IA como asistente en la composición y síntesis del borrador

Como se mencionó en el *Resumen TFM* (p. 1), «la IA puede generar borradores completos que incluyen introducción, metodología, resultados, discusión y conclusiones». Si bien esta afirmación es técnicamente cierta para las capacidades actuales de los LLMs avanzados, debe interpretarse con extrema cautela y siempre dentro del marco ético y pedagógico establecido en los capítulos anteriores.

La IA puede ser una herramienta poderosa para asistir en la composición (sugiriendo estructuras iniciales basadas en esquemas detallados, generando borradores de párrafos o secciones que luego deben ser masivamente reelaborados, ayudando a reformular frases para mayor claridad) y en la síntesis (resumiendo notas propias, identificando conexiones preliminares entre ideas que el estudiante luego debe validar). Sin embargo, la responsabilidad final de la coherencia, la precisión, la originalidad, la profundidad del análisis y la solidez de la argumentación recae enteramente en el estudiante investigador. La IA es un colaborador, no el autor.

4.0.5. Objetivos de aprendizaje específicos del capítulo

Al finalizar este capítulo, los lectores serán capaces de:

— Aplicar estrategias prácticas para redactar cada sección principal del borrador (introducción, metodología, resultados, discusión y conclusiones) utilizando IA como asistente controlado y ético.
— Utilizar técnicas de *prompt* efectivas y adaptadas a las necesidades específicas de cada sección para obtener la asistencia más útil de la IA.
— Integrar las diferentes secciones del borrador de manera coherente, asegurando un flujo lógico y una argumentación unificada.
— Aplicar principios pedagógicos (Ambrose *et al.*, 2010) para maximizar el aprendizaje y el desarrollo de habilidades de escritura y pensamiento crítico durante el proceso de redacción asistida.
— Identificar y gestionar las consideraciones éticas específicas de la fase de redacción del borrador con IA, especialmente en relación con la autoría, el plagio y la veracidad.
— Preparar un borrador sólido, sustancialmente propio y académicamente riguroso, listo para la revisión crítica del estudiante y la retroalimentación del tutor.

4.0.6. Hoja de ruta: un enfoque práctico para redactar cada sección principal con apoyo de IA

Este capítulo adoptará un enfoque práctico y secuencial, avanzando a través de la estructura típica de un trabajo académico. Tras revisar los principios rectores para la redacción asistida por IA, abordaremos cómo la IA puede ayudar (siempre con control y crítica) en la redacción de:

1. la introducción,
2. la metodología
3. la presentación de resultados (con especial énfasis en las precauciones),
4. la discusión
5. y las conclusiones.

Luego, trataremos la importancia de la integración y coherencia del borrador en su conjunto, así como el estilo y el formato. Reintroduciremos las consideraciones éticas clave específicas de esta fase de redacción. Ilustraremos el proceso con un estudio de caso (continuando con David) y propondremos ejercicios prácticos. Finalmente, presentaremos el resumen, las conclusiones del capítulo, un glosario y lecturas complementarias.

4.1. PRINCIPIOS RECTORES PARA LA REDACCIÓN ASISTIDA POR IA

Antes de sumergirnos en la redacción de cada sección específica del borrador, es crucial recordar y reforzar los principios fundamentales que deben guiar el uso de la Inteligencia Artificial en esta fase tan delicada del trabajo académico.

— **Mantener la voz autoral y el pensamiento crítico (primacía del estudiante):** El trabajo académico es, ante todo, la expresión del trabajo intelectual, el análisis, la interpretación y la voz del estudiante. La IA puede generar texto, pero el estilo, el tono, la perspectiva, el análisis crítico y la argumentación deben ser propios y auténticos. Como se infiere de la necesidad de valorar la «parte narrativa» y el «pensamiento crítico» (Resumen TFM, p. 8 – 30:34, 31:06), cualquier texto generado por IA debe ser siempre un punto de partida, no de llegada. Requiere una profunda apropiación, reescritura sustancial y la infusión del pensamiento original del estudiante. La IA no debe silenciar ni suplantar la voz del autor.

— **Iteración y refinamiento continuo (proceso no lineal):** La elaboración del borrador no es un proceso lineal de escribir una sección tras otra hasta el final. Implica ciclos de escritura, revisión, reflexión, reescritura y mejora. La IA puede acelerar la generación inicial de un primer borrador de una idea o sección, pero el verdadero trabajo intelectual y el desarrollo del texto y del pensamiento residen en el proceso iterativo de refinamiento llevado a cabo por el estudiante. El borrador generado por IA, como se indica en el *Resumen TFM* (p. 2), «debe ser revisado y mejorado por el estudiante». Esta revisión no es un simple pulido superficial.

— **Uso estratégico y controlado de *prompts* (instrucciones claras y contextualizadas):** La efectividad de la asistencia de la IA depende directamente de la calidad y precisión de las instrucciones (*prompts*) que se le proporcionan. Es crucial diseñar *prompts* específicos, claros, detallados y contextualmente ricos para cada sección y tarea. Esto implica guiar a la IA hacia el resultado deseado (p. ej., tipo de contenido, estructura, tono, extensión, puntos clave a incluir basados en el trabajo previo del estudiante) sin dictarle por completo el contenido o ceder la responsabilidad sobre la argumentación. El estudiante debe estar siempre al mando del proceso.

— **Conexión pedagógica consciente (aprendizaje activo, Ambrose *et al.*, 2010):** La interacción con la IA durante la redacción debe ser una oportunidad para el aprendizaje activo y el desarrollo de habilidades, no una mera externalización del trabajo.

  • *Práctica deliberada (principio 5):* utilizar la redacción asistida como una oportunidad para practicar la estructuración de argumentos, la síntesis de información, la claridad expositiva y la conexión de ideas, evaluando y editando activamente el texto generado por la IA.

  • *Retroalimentación formativa (principio 5):* ver las sugerencias de la IA (gramaticales, estilísticas o incluso estructurales, si se solicitan) como una forma de retroalimentación inicial y limitada. La retroalimentación sustantiva, crítica y fiable sobre la calidad de los argumentos y la profundidad del análisis provendrá del tutor (Hattie, 2012) y de la propia autoevaluación.

- *Metacognición (principio 7):* preguntarse constantemente, ¿este texto refleja mi comprensión profunda del tema? ¿Estoy de acuerdo con esta formulación o la IA ha simplificado o distorsionado mis ideas? ¿Podría expresarlo mejor o de forma más precisa con mis propias palabras? ¿Qué he aprendido al editar, reescribir y mejorar este texto generado? Este monitoreo del propio pensamiento y autoría es esencial.

Respetar estos principios es fundamental para asegurar que la IA se utilice como una herramienta que potencie la capacidad del estudiante para producir un trabajo académico original, riguroso y de alta calidad, en lugar de convertirse en una fuente de problemas éticos o de superficialidad intelectual.

4.2. REDACCIÓN ASISTIDA DE LA INTRODUCCIÓN

La introducción es la puerta de entrada al trabajo académico. Su función es captar el interés del lector, presentar el problema de investigación de manera clara y convincente, justificar la relevancia del estudio, enunciar los objetivos que se persiguen y ofrecer una hoja de ruta de la estructura del trabajo.

— **Componentes clave de una introducción.** Generalmente incluye, aunque el orden y el énfasis pueden variar, varios puntos esenciales.

- **Contextualización del tema:** presentación general del área de estudio y su importancia.
- **Planteamiento del problema o la pregunta de investigación:** identificación de la laguna, controversia o necesidad específica que aborda el estudio.
- **Justificación:** argumentación de la relevancia e importancia del estudio (teórica, práctica, social y metodológica).
- **Objetivos del trabajo:** enunciado claro y conciso de los objetivos generales y específicos.
- **Breve descripción de la estructura del trabajo (opcional pero recomendable):** un avance de las secciones principales que componen el documento.

— *Prompts* **para borradores iniciales de la introducción (basados en trabajo previo)**

Suponiendo que el estudiante ya tiene una propuesta de investigación, un esquema del marco teórico y unos objetivos definidos (como se trabajó en capítulos anteriores), se pueden usar LLMs para generar un primer borrador de la introducción.

- *Prompt* estructural (ejemplo para ChatGPT y Gemini):
  «Actúa como un académico experto redactando la introducción de un [TFG o TFM] sobre el tema '[Título provisional del trabajo]'.
  Mis objetivos principales son: [listar 2 o 3 objetivos generales y/o específicos clave].
  Mi marco teórico se basa en: [mencionar 1 o 2 teorías o conceptos centrales del marco teórico, p. ej., la Teoría de la Acción Razonada y el concepto de brecha digital].
  La pregunta de investigación principal que guía mi estudio es: [enunciar la pregunta principal].
  Genera un borrador inicial para la sección de introducción (aproximadamente 600-800 palabras) que incluya los siguientes elementos en un orden lógico:
  1. Un párrafo inicial que contextualice la importancia general del tema de [tema amplio, p. ej., la participación ciudadana en la era digital].
  2. Un segundo párrafo que identifique y plantee claramente el problema específico que abordo: [describir brevemente el problema o laguna, p. ej., la baja adopción de plataformas de e-gobierno por parte de adultos mayores].
  3. Un tercer párrafo que justifique la relevancia de estudiar este problema, destacando su impacto [teórico, práctico o social].
  4. Un cuarto párrafo que enuncie claramente los objetivos de mi trabajo, derivados de los que te he proporcionado.
  5. Un breve párrafo final que describa la estructura de los capítulos o secciones principales de este trabajo.
  Utiliza un tono académico formal y objetivo».
- **Resultado esperado.** Un texto estructurado que sirve como una buena base, pero que requerirá una fuerte edición y personalización por parte del estudiante para asegurar la precisión, la profundidad de la justificación, el estilo propio y la coherencia exacta con el resto del trabajo.

— **Técnicas para refinar el «gancho» inicial y la declaración del problema**
  La IA puede ser útil para explorar diferentes formas de iniciar el texto y captar la atención del lector, o para ayudar a formular el problema de investigación de manera más impactante o precisa, siempre y cuando el estudiante dirija el proceso y evalúe críticamente las sugerencias.
  - *Prompt* de refinamiento (ejemplo para ChatGPT y Gemini): «Revisa el siguiente párrafo de introducción que he redactado para mi trabajo sobre [tema]: [pegar párrafo inicial redactado por el estudiante].
    1. Sugiere 3 formas alternativas de empezar este texto para hacerlo más atractivo y enganchar a un lector académico interesado en [campo de estudio].

2. Evalúa si mi declaración del problema (implícita o explícita en el párrafo) es clara, concisa y convincente. Si crees que puede mejorarse, ofrece una o dos reformulaciones alternativas que enfaticen mejor la relevancia o la urgencia del problema».

- **Resultado esperado.** Alternativas y sugerencias que el estudiante debe considerar críticamente. No se trata de adoptar las sugerencias de la IA sin más, sino de usarlas como estímulo para reflexionar sobre la propia redacción y mejorarla.

— **Consideración ética y práctica**

La introducción establece las expectativas del lector para todo el trabajo. Es crucial que el texto final, aunque haya sido asistido inicialmente por IA, refleje con precisión el alcance real de la investigación y los objetivos efectivamente perseguidos y alcanzados. No se deben generar expectativas que el trabajo no pueda cumplir, ni presentar justificaciones grandilocuentes que no estén sólidamente fundamentadas en la literatura o en la naturaleza del problema. La originalidad en el planteamiento del problema y la justificación debe ser genuina y provenir del análisis y la reflexión del estudiante, no simplemente de un texto elocuente generado por IA. La IA puede ayudar a articular, pero no a concebir la esencia de la introducción.

4.3. REDACCIÓN ASISTIDA DE LA METODOLOGÍA

La sección de metodología describe el «cómo» de la investigación: el enfoque adoptado, el diseño del estudio, los métodos de recopilación y análisis de datos y las consideraciones éticas. Debe ser clara, precisa y suficientemente detallada para permitir la replicabilidad (en estudios cuantitativos) o, al menos, la comprensión profunda y la transferibilidad (en estudios cualitativos) del proceso seguido.

— **Componentes clave de la metodología.** Varían según la disciplina y el tipo de estudio, pero se suelen incluir los siguientes.

- Enfoque general de la investigación (p. ej., cuantitativo, cualitativo o mixto) y justificación de su elección.
- Diseño de investigación específico (p. ej., experimental, cuasiexperimental, descriptivo, correlacional, estudio de caso, etnográfico, fenomenológico, teoría fundamentada, revisión sistemática, meta-análisis, etc.) y su adecuación al problema.
- Participantes o muestra (si aplica), criterios de selección, método de muestreo, tamaño de la muestra y características demográficas o relevantes.
- Instrumentos o técnicas de recolección de datos, descripción detallada de los cuestionarios, guías de entrevista, protocolos de observación, fuentes documentales, bases de datos utilizadas, etc., incluyendo información sobre su validez y fiabilidad si es pertinente.

- Procedimiento: descripción paso a paso de cómo se llevó a cabo la investigación, desde el acceso a los participantes o datos hasta la finalización de la recogida.

- Técnicas de análisis de datos, explicación de los métodos estadísticos (en cuantitativos) o los procedimientos de análisis cualitativo (p. ej., análisis de contenido, análisis temático o análisis del discurso) utilizados para procesar e interpretar los datos.

- Consideraciones eticas: descripción de las medidas tomadas para asegurar la protección de los participantes (p. ej., consentimiento informado, anonimato, confidencialidad), la gestión de datos y cualquier otra implicación ética relevante.

— **Uso de IA para estructurar y describir procedimientos (basado en esquemas del estudiante)**

Los LLMs pueden ser útiles para organizar la sección de metodología según las convenciones disciplinares y para redactar descripciones de procedimientos o técnicas estándar, siempre y cuando se basen en un esquema detallado y preciso proporcionado por el estudiante.

- *Prompt* estructural (ejemplo para ChatGPT y Gemini): «Actúa como un metodólogo de investigación. Genera un esquema detallado para la sección de metodología de un [TFG o TFM] con un enfoque [cualitativo, cuantitativo o mixto] y un diseño de [especificar diseño, p. ej., estudio de caso múltiple o encuesta transversal]. El estudio investiga [breve descripción del tema]. Incluye todos los apartados estándar necesarios para esta disciplina [mencionar disciplina, p. ej., educación o psicología] y sugiere brevemente qué información debería ir en cada apartado».

- *Prompt* descriptivo (con esquema previo proporcionado por el estudiante): «Básate en el siguiente esquema detallado de mi procedimiento de recolección de datos para un estudio cualitativo.
  1. Contacto inicial con organizaciones (email o llamada).
  2. Solicitud de participación y explicación del estudio.
  3. Obtención de consentimiento informado por escrito.
  4. Programación de entrevistas semiestructuradas (online vía Zoom).
  5. Realización de las entrevistas (duración media 60 min, grabación de audio con permiso).
  6. Transcripción literal de las entrevistas. Redacta un párrafo conciso y académico describiendo cómo se realizó la fase de recolección de datos».

- **Resultado esperado.** Un texto bien estructurado que describe el procedimiento. El estudiante debe verificar cada detalle para asegurar que refleja exactamente lo que se hizo o se planea hacer.

— *Prompts* **para explicar o justificar la elección de métodos (con supervisión y conocimiento previo del estudiante)**

Se puede pedir ayuda a la IA para articular la justificación de la elección de un método específico o para explicar una técnica de análisis, pero la información y la justificación fundamental deben provenir del conocimiento del estudiante o de fuentes metodológicas fiables consultadas por él, no de la IA directamente. La IA solo ayuda a redactar o a organizar la explicación.

- *Prompt* (con información previa proporcionada por el estudiante): «He decidido usar un diseño de estudio de caso múltiple para mi investigación sobre [tema]. Mis principales razones para esta elección son: [listar 2 o 3 razones propias o basadas en autores metodológicos como Yin o Stake, p. ej., permite explorar un fenómeno complejo en su contexto real, facilita la comparación entre casos para identificar patrones y diferencias u ofrece profundidad en la comprensión]. Redacta un párrafo (aproximadamente 150 palabras) justificando esta elección metodológica para mi trabajo, incorporando estas razones de forma coherente. Si es posible, menciona brevemente a un autor de referencia en metodología de estudio de caso».

- Verificación indispensable: el estudiante debe asegurarse de que la justificación sea sólida, que las razones sean válidas para su estudio y que cualquier mención a autores metodológicos sea precisa y pertinente.

— **Consideración ética y práctica**

La precisión en la descripción metodológica es fundamental para la credibilidad y replicabilidad o transferibilidad de la investigación. Cualquier descripción generada o asistida por IA debe ser meticulosamente verificada y ajustada por el estudiante para reflejar exactamente lo que se hizo (o se hará) en la investigación.

La responsabilidad sobre el diseño metodológico, su correcta implementación y su descripción precisa es enteramente del investigador.

Es crucial incluir un apartado sobre las consideraciones éticas específicas de cómo se trató a los participantes o las fuentes (consentimiento informado, anonimato, confidencialidad, manejo de datos sensibles, etc.). Esta sección debe ser redactada con sumo cuidado y reflexión por el estudiante, la IA solo debería usarse, si acaso, para ayudar a estructurar la información que el estudiante ya ha determinado. La IA no puede tomar decisiones éticas.

4.4. REDACCIÓN ASISTIDA DE LA PRESENTACIÓN DE RESULTADOS

Esta sección presenta los hallazgos de la investigación de forma objetiva, clara y organizada, sin interpretaciones ni discusiones (que se reservan para la sección de discusión). Su propósito es mostrar qué se encontró.

— **Desafíos específicos de la sección de resultados**
  - Presentar datos complejos (cuantitativos en tablas o gráficos; cualitativos en extractos o narrativas temáticas) de manera comprensible.
  - Mantener una descripción puramente objetiva, evitando valoraciones o inferencias.
  - Estructurar los resultados de forma lógica, a menudo siguiendo el orden de los objetivos o preguntas de investigación.

— **Uso (extremadamente limitado y altamente supervisado) de IA en la presentación de resultados**

Este es el punto más delicado y donde la intervención de la IA debe ser mínima y más rigurosamente controlada. La IA *nunca* debe usarse para generar, inventar, modificar o analizar datos primarios. Su rol, si acaso, se limita a:

- **Generar descripciones textuales iniciales de datos previamente analizados por el estudiante (con datos exactos proporcionados)**

  Se puede experimentar pidiendo a un LLM que describa los resultados principales de una tabla o gráfico si se le proporciona dicha tabla o gráfico completo y exacto o los datos numéricos precisos.

  - Ejemplo de *prompt* proporcionando datos exactos:
    «Actúa como un redactor científico. Basándote en los siguientes resultados de una encuesta (N=150):
    - Pregunta 1 (Escala Likert 1-5): Media = 4.2, Desviación Estándar = 0.8.
    - Pregunta 2 (Opción Sí/No): Sí = 75%, No = 25%.
    - Correlación entre Variable A y Variable B: $r = 0.65$, $p < 0.01$.

    Describe estos hallazgos principales de forma objetiva y concisa en un párrafo (aproximadamenete 100 palabras), sin interpretaciones ni valoraciones. Menciona los valores numéricos clave».
  - Requiere verificación exhaustiva y absoluta de cada dato descrito: el estudiante debe contrastar cada número, porcentaje o afirmación generada por la IA con sus datos originales y análisis propios. Cualquier error aquí socava toda la credibilidad del trabajo. Es a menudo más seguro y rápido que el estudiante redacte estas descripciones directamente.

- **Estructurar la presentación de resultados cualitativos previamente identificados por el estudiante**

  Si el estudiante ya ha realizado el análisis cualitativo (p. ej., análisis temático) e identificado los temas o categorías principales y seleccionado los extractos ilustrativos, se puede pedir a la IA que ayude a organizar la presentación de esos temas.

○ Ejemplo de *prompt* con temas y citas proporcionadas por el estudiante: «Voy a presentar los resultados de un análisis temático de entrevistas. He identificado 3 temas principales. Ayúdame a estructurar la presentación de estos temas. Para cada tema, quiero una breve introducción, seguida de 1 o 2 citas textuales ilustrativas que yo te proporcionaré. Tema 1: [nombre del tema 1]. Breve descripción: [descripción del estudiante].
Cita 1.1 (página 5, líneas 20-23): '[pegar cita textual seleccionada por el estudiante]'
Cita 1.2 (página 8, líneas 45-48): '[pegar cita textual seleccionada por el estudiante]'
Tema 2: [nombre del tema 2]. Breve descripción: [descripción del estudiante]
Cita 2.1 (página 2, líneas 10-15): '[pegar cita textual seleccionada por el estudiante]'
[Etc.]
Genera un borrador de texto que presente estos temas de forma organizada, introduciendo cada tema y luego presentando las citas que he seleccionado. Mantén un estilo descriptivo y objetivo».

○ Se requiere que el estudiante haya hecho el análisis y selección de citas previamente, la IA solo ayuda a ensamblar el texto descriptivo.

— ***Prompts* para asegurar objetividad en la descripción**
Incluir explícitamente en cualquier *prompt* para esta sección la instrucción de «describir objetivamente, sin interpretar, valorar o discutir los resultados».

— **Consideración ética y práctica: ¡máxima precaución y verificación absoluta!**
Este es, posiblemente, el punto más crítico para la integridad de la investigación.

• La IA *nunca* debe usarse para generar, inventar, modificar, analizar o interpretar datos primarios. Su rol se limita, en el mejor de los casos, a ayudar a formatear o redactar descripciones iniciales de datos reales y ya analizados y validados por el estudiante.

• Cada número, porcentaje, tema, categoría o cita textual mencionada en la sección de resultados debe ser verificado rigurosamente contra los datos originales y el análisis realizado por el estudiante.

• Cualquier error, invención o distorsión en esta sección, incluso si es «ayudada» por la IA, es responsabilidad exclusiva del estudiante y puede tener consecuencias académicas y profesionales muy graves, incluyendo acusaciones de fraude científico.

- En muchos casos, especialmente con datos cuantitativos o cualitativos complejos, es más seguro, ético y eficiente que el estudiante redacte esta sección completamente de forma manual, utilizando la IA solo para tareas muy puntuales de pulido de estilo si fuera necesario, siempre sobre texto ya validado.

4.5. REDACCIÓN ASISTIDA DE LA DISCUSIÓN

La sección de discusión es donde se interpretan los resultados, se conectan con la literatura existente y el marco teórico previamente establecido, se extraen las implicaciones del estudio, se reconocen sus limitaciones y se sugieren futuras líneas de investigación. Es el corazón de la contribución intelectual del trabajo académico, donde el estudiante demuestra su capacidad de análisis crítico, síntesis y pensamiento original.

— **Componentes clave de la discusión**
  - **Interpretación de los hallazgos principales.** ¿Qué significan los resultados? ¿Responden a las preguntas de investigación?
  - **Comparación y contraste con estudios previos.** ¿Cómo se alinean o difieren los hallazgos con la literatura existente (revisión bibliográfica) y con el marco teórico?
  - **Explicación de resultados inesperados o contradictorios.** Si los hubo, ofrecer posibles explicaciones.
  - **Implicaciones del estudio.** ¿Cuáles son las consecuencias teóricas, prácticas, metodológicas o sociales de los hallazgos?
  - **Limitaciones del estudio.** Reconocimiento honesto de las debilidades o aspectos que no se pudieron abordar.
  - **Sugerencias para futuras investigaciones.** Identificación de nuevas preguntas o áreas que surgen del estudio.

— **Uso de IA para sugerir conexiones o estructurar (no para interpretar o argumentar)**
  La IA puede actuar como un *sparring partner* intelectual o un asistente estructural, pero la interpretación, la argumentación y las conclusiones deben ser genuinamente del autor.
  - **Sugerir conexiones con la literatura o el marco teórico (con verificación)**
    Se puede proporcionar a un LLM los hallazgos principales del estudio (resumidos por el estudiante) y los puntos clave del marco teórico o de la revisión de literatura, pidiéndole que sugiera posibles conexiones o contradicciones.
    - Ejemplo de *prompt:*
      «Mis hallazgos principales son: [resumir 2 o 3 hallazgos clave de forma concisa y objetiva].

Mi marco teórico se basa en [teoría X] que postula [breve postulado] y en los estudios de [autor Y] que encontraron [resultado relevante de la literatura].

¿Qué posibles conexiones, similitudes o contradicciones podrían existir entre mis hallazgos y estos elementos teóricos y literarios? Sugiere 2 o 3 puntos para explorar en mi discusión. No interpretes mis datos, solo sugiere áreas de comparación».

- ○ **Resultado esperado.** Ideas o hipótesis de conexión que el estudiante debe investigar, validar y desarrollar con su propio análisis crítico. La IA no «entiende» la conexión, solo identifica patrones textuales o conceptuales.

- **Generar borradores iniciales de comparación o contraste (basados en información proporcionada por el estudiante)**
  - ○ Ejemplo de *prompt:*
    «Mi hallazgo principal fue [hallazgo A del estudio propio]. Un estudio previo de [autor B, año] encontró [resultado B del estudio previo]. Redacta un párrafo inicial (aproximadamente 150 palabras) que compare y contraste estos dos hallazgos. Sugiere brevemente una posible explicación para cualquier diferencia observada [si el estudiante ya tiene una hipótesis, puede indicarla]».
  - ○ Se requiere fuerte edición y análisis propio: el estudiante debe tomar este borrador inicial, verificar la precisión de la comparación, profundizar en la explicación de las diferencias y similitudes con su propio razonamiento y asegurarse de que la argumentación sea sólida y esté bien fundamentada.

- ***Brainstorming* de implicaciones, limitaciones o futuras líneas (como generador de ideas iniciales)**
  La IA puede ayudar a generar una lista de posibles implicaciones, limitaciones comunes a ciertos diseños de estudio o ideas para futuras investigaciones, que el estudiante luego debe filtrar, evaluar y seleccionar críticamente.
  - ○ Ejemplo de *prompt* para implicaciones:
    «Considerando mis hallazgos principales [resumir hallazgos] sobre [tema del estudio], sugiere 3 posibles implicaciones prácticas para [audiencia relevante, p. ej., profesores de secundaria] y 2 implicaciones teóricas para el campo de [disciplina]».
  - ○ Ejemplo de *prompt* para limitaciones:
    «Mi estudio utilizó un diseño de [describir brevemente el diseño, p. ej., encuesta online a una muestra de conveniencia de estudiantes universitarios]. ¿Cuáles son algunas limitaciones metodológicas potenciales comunes asociadas con este tipo de diseño y muestra que debería considerar mencionar?».

○ **Resultado esperado.** Una lista de ideas que el estudiante debe evaluar críticamente. Solo aquellas que sean verdaderamente pertinentes, fundamentadas y relevantes para su estudio específico deben ser desarrolladas.

— **Consideración ética y práctica**

La discusión es donde el pensamiento crítico, la capacidad de síntesis y la originalidad del estudiante deben brillar con más intensidad. La IA puede ser un útil *sparring partner* intelectual para generar ideas iniciales, explorar ángulos diferentes o ayudar a estructurar un argumento complejo. Sin embargo, la interpretación profunda de los propios resultados, la construcción de argumentos sólidos y convincentes, la conexión significativa con la teoría y la literatura y las conclusiones extraídas de la discusión deben ser genuinamente del autor.

Depender de la IA para interpretar los propios resultados, para formular los argumentos centrales de la discusión o para extraer las conclusiones principales es abdicar de la responsabilidad investigadora fundamental, lo que puede llevar a una discusión superficial, incorrecta o plagiada. (Resumen TFM, p. 8; se valora el pensamiento crítico y la parte narrativa). La IA no posee la comprensión contextual, la experiencia ni la capacidad de juicio necesarias para esta tarea.

4.6. REDACCIÓN ASISTIDA DE LAS CONCLUSIONES

La sección de conclusiones cierra el trabajo académico. Debe resumir de manera concisa lo esencial del estudio, responder directamente a las preguntas de investigación y al cumplimiento de los objetivos, dejando una impresión final clara y contundente sobre la contribución del trabajo.

— **Componentes clave de las conclusiones**

• **Breve resumen de los hallazgos más importantes:** una síntesis muy concisa de los principales resultados obtenidos.

• **Respuesta directa a las preguntas de investigación y el cumplimiento de los objetivos:** explicitar cómo el estudio ha respondido a las preguntas planteadas en la introducción o cómo se han alcanzado los objetivos propuestos.

• **Declaración concisa de la contribución principal del trabajo:** ¿cuál es el aporte más significativo del estudio (teórico, práctico o metodológico)?

• **Breve reflexión final, recomendación general o cierre prospectivo (opcional):** una frase o idea final que cierre el trabajo de manera reflexiva o que apunte a la relevancia más amplia de los hallazgos.

— **Uso de IA para generar resúmenes iniciales (basados en el texto completo o secciones clave)**
Se puede proporcionar a un LLM el texto completo del trabajo académico (o al menos las secciones de resultados y discusión) y pedirle que genere un borrador de resumen de los puntos principales para la sección de conclusiones.

- *Prompt* (ejemplo para ChatGPT y Gemini, asumiendo que se le puede proporcionar un texto extenso o que tiene acceso a un documento cargado): «Actúa como un académico que está redactando las conclusiones de un trabajo de investigación. Basándote en el siguiente texto de mi trabajo [pegar texto completo o resumen extenso de resultados y discusión, o indicar el documento cargado]:
  1. Redacta un borrador inicial para la sección de conclusiones (aproximadamente 300-400 palabras).
  2. Este borrador debe sintetizar los hallazgos clave de forma muy concisa.
  3. Debe responder explícitamente a mis objetivos principales, que son, [listar los objetivos principales del trabajo].
  4. Debe destacar cuál consideras que es la contribución principal de este estudio al conocimiento sobre [tema del trabajo].
  Utiliza un lenguaje claro, directo y académico».
- Requiere una edición cuidadosa para asegurar precisión, concisión y alineación total. El estudiante debe tomar este borrador inicial y refinarlo intensamente para asegurar que:
  - los hallazgos resumidos sean los más cruciales y estén presentados con exactitud,
  - la respuesta a los objetivos sea directa y precisa,
  - la declaración de la contribución sea realista y esté bien fundamentada en el trabajo
  - y el tono sea apropiado y no exagere los logros.

— ***Prompts* para asegurar la alineación con objetivos y preguntas**
Se puede usar la IA para verificar (o ayudar a articular) cómo los hallazgos responden a los objetivos o preguntas iniciales.

- Ejemplo de *prompt:*
  «Mis objetivos de investigación fueron:
  0. [objetivo 1]
  1. [objetivo 2]
  Mis hallazgos principales fueron:
  - [hallazgo A]
  - [hallazgo B]
  - [hallazgo C]

Redacta un párrafo para la sección de conclusiones que explique explícitamente cómo los hallazgos A, B y C responden o contribuyen a alcanzar los objetivos 1 y 2».

- Requiere revisión crítica: el estudiante debe asegurarse de que la conexión establecida por la IA sea lógica, precisa y no fuerce interpretaciones.

— **Consideración ética y práctica**

Las conclusiones deben ser un reflejo fiel y honesto del trabajo realizado y de sus hallazgos.

- No deben introducir información nueva que no haya sido presentada y discutida previamente.
- No deben exagerar el alcance, la importancia o la originalidad de los hallazgos. La modestia académica es una virtud.
- Deben ser consistentes con los resultados y la discusión. Cualquier afirmación en las conclusiones debe estar sólidamente respaldada por el cuerpo del trabajo.

La IA puede ayudar a sintetizar la información y a estructurar un borrador inicial de las conclusiones, pero la formulación final debe ser cuidadosamente elaborada y validada por el estudiante para asegurar precisión, honestidad y una adecuada representación del valor y las limitaciones del estudio. La IA no puede determinar la «contribución principal» con el mismo juicio crítico que el autor humano.

4.7. COHERENCIA, ESTILO Y FORMATO DEL BORRADOR

Una vez redactadas las secciones principales (introducción, metodología, resultados, discusión y conclusiones), es crucial asegurar la integración, la coherencia global y la pulcritud formal del borrador completo antes de presentarlo al tutor.

— **Estrategias para asegurar la coherencia global del borrador**

- **Lectura global y holística.** Leer el borrador completo de principio a fin, como si fuera la primera vez. Buscar:
  - inconsistencias en la terminología (¿se usan los mismos términos clave de la misma manera a lo largo del texto?),
  - saltos o lagunas en la argumentación (¿progresa el argumento de forma lógica y fluida?),
  - cambios abruptos de tono o estilo entre secciones
  - y contradicciones internas.
- **Verificación cruzada entre secciones (el hilo conductor)**
  - ¿La introducción promete lo que realmente se entrega en el resto del trabajo?
  - ¿La metodología es coherente con los objetivos y adecuada para responder a las preguntas de investigación?

○ ¿Los resultados se presentan de forma que faciliten su discusión posterior?

○ ¿La discusión interpreta los resultados a la luz del marco teórico y responde a las preguntas de la introducción?

○ ¿Las conclusiones sintetizan fielmente los hallazgos y la contribución principal, alineándose con todo lo anterior?

- **Mapa conceptual del borrador completo (opcional).** Esbozar la estructura argumental de todo el borrador (secciones principales y sus argumentos clave) en un mapa conceptual. Esto puede ayudar a visualizar la coherencia, identificar puntos débiles en la estructura o lagunas en la argumentación. La IA (como NotebookLM) podría generar un primer borrador de este mapa si se le proporciona el texto completo, pero el análisis y la utilidad del mapa dependen del estudiante.

— **Uso de IA para revisión formal y de estilo (con supervisión)**

- Utilizar herramientas como Grammarly o las funciones de revisión de los procesadores de texto para una revisión exhaustiva de:

○ gramática y ortografía,

○ puntuación,

○ estilo (claridad, concisión, formalidad y fluidez)

○ y formato de citas y referencias (si la herramienta lo soporta y está configurada para el estilo requerido, p. ej., APA 7).

- **Aplicar los cambios de forma reflexiva (capítulo 2, sección 2.4.3).** No aceptar automáticamente todas las sugerencias. Evaluar si cada cambio mejora la claridad y la precisión en el contexto académico específico.

— **Verificación final de citas y lista de referencias (manual y asistida)**

- Comparar manualmente cada cita en el texto con la entrada correspondiente en la lista de referencias final para asegurar que coincidan perfectamente (autores, año).

- Verificar que todas las fuentes citadas en el texto estén en la lista de referencias, y viceversa.

- Asegurar que el formato de cada entrada en la lista de referencias sea impecable según el estilo requerido (p. ej., APA 7).

- Herramientas como Zotero o Mendeley (y sus *plugins* para procesadores de texto) pueden ayudar enormemente en la gestión y el formateo de la bibliografía, pero aun así, una revisión visual final por parte del estudiante es indispensable para detectar errores sutiles.

— **Lectura crítica final del estudiante (ponerse en el lugar del lector y el evaluador)**

Antes de entregar el borrador al tutor, realizar una última lectura crítica completa. Intentar leerlo desde la perspectiva de alguien que no conoce el trabajo.

- ¿Es claro el propósito del estudio?

- ¿Está bien estructurado el argumento?

- ¿Es convincente la evidencia?
- ¿Es fácil de seguir el texto?
- ¿Hay alguna ambigüedad o punto confuso?
- ¿Cumple con los requisitos formales y académicos? Tomar notas de los últimos ajustes necesarios. Este paso final de autoedición es crucial.

4.8. CONSIDERACIONES ÉTICAS ESPECÍFICAS EN LA FASE DE BORRADOR (REINTRODUCCIÓN FOCALIZADA)

Aunque las consideraciones éticas generales se abordaron extensamente en el capítulo 1, es vital reforzar algunos puntos específicos en esta fase de redacción del borrador, donde la tentación de usar la IA de forma indebida o descuidada puede ser mayor y las consecuencias más directas para la integridad del trabajo.

— **Riesgo de plagio por IA (y cómo mitigarlo activamente)**
  - El mayor riesgo ético en esta fase es presentar texto generado por IA (ya sea párrafos completos o incluso frases ingeniosas) como si fuera propio, sin la debida y sustancial reelaboración.
  - **Mitigación clara y activa**
    1. Usar la IA solo como asistente inicial para generar ideas, estructuras o borradores muy preliminares, siempre basados en el trabajo y esquemas propios del estudiante.
    2. Realizar una reescritura sustancial (más del 50 %-70 %) de cualquier texto generado por IA, cambiando no solo palabras, sino la estructura de las frases, la organización de los argumentos y, fundamentalmente, añadiendo el propio análisis, interpretación, voz y estilo.
    3. Verificar exhaustivamente cualquier afirmación o dato que la IA haya podido incluir, contrastándolo con fuentes primarias y el conocimiento propio.
    4. El objetivo es que el texto final refleje el pensamiento y el esfuerzo intelectual del autor humano, no la capacidad de la IA para combinar palabras.
— **Transparencia con el tutor (y con uno mismo)**
  - Documentar el uso de IA: mantener un registro (al menos para uso personal y, si es requerido por la institución, para el tutor) de qué herramientas se usaron, para qué secciones o tareas específicas y con qué tipo de *prompts* o instrucciones.
  - Comunicar abiertamente al tutor sobre el uso de IA en la elaboración del borrador. Esto es fundamental para una relación de confianza, para que el tutor pueda ofrecer una supervisión adecuada y para que pueda evaluar el proceso de aprendizaje del estudiante, no solo el producto. (Resumen TFM, p. 2, «colaboración con el tutor»; Resumen TFM, p. 5, «firmar la declaración»). Una declaración de uso honesta puede ser parte del trabajo.

— **Responsabilidad sobre la veracidad y precisión (especialmente en resultados y metodología)**
  - El estudiante es absolutamente responsable de la exactitud y veracidad de toda la información presentada en su trabajo, especialmente en la descripción de la metodología (lo que se hizo) y en la presentación de los resultados (lo que se encontró).
  - La IA no exime de esta responsabilidad; por el contrario, si se usa para generar descripciones, exige una verificación aún más rigurosa por parte del estudiante, ya que la IA puede cometer errores, «alucinar» detalles o presentar información de manera engañosa.
— **Asegurar la contribución intelectual propia y la originalidad**
  - El trabajo académico, especialmente a nivel de TFG o TFM, debe demostrar la capacidad investigadora, analítica y de pensamiento crítico del estudiante. El uso de IA debe potenciar estas capacidades, no sustituirlas.
  - La contribución original del estudiante debe ser evidente en el análisis, la interpretación de los datos, la síntesis de la literatura, la construcción de argumentos y la articulación de conclusiones. La IA puede ayudar a expresar ideas, pero las ideas fundamentales y el razonamiento deben ser del estudiante.
— **Rol adaptado del tutor en la supervisión ética**
  - El tutor debe supervisar no solo el contenido del borrador, sino también el proceso de su elaboración, especialmente si se ha utilizado IA.
  - Esto puede implicar preguntar al estudiante sobre su uso de IA, fomentar la reflexión ética y evaluar la autenticidad del trabajo y la profundidad del pensamiento crítico demostrado, más allá de la fluidez del texto. (Resumen TFM, p. 2). El tutor guía hacia un uso que promueva el aprendizaje.

4.9. ESTUDIO DE CASO: REDACCIÓN DEL BORRADOR COMPLETO DE UN TRABAJO ACADÉMICO

Ilustremos cómo un estudiante, David (cuyo desarrollo del marco teórico vimos en el capítulo 3), podría abordar la redacción del borrador completo de su trabajo fin de máster sobre «la influencia de la cultura organizacional en la adopción de prácticas sostenibles por PyMEs del sector tecnológico», utilizando IA de forma ética e integrada.
— **Aplicación de IA en la redacción de secciones (con supervisión y reescritura intensiva)**
  - **Introducción (sección 4.2)**
    - ○ **Acción de David.** Basándose en sus objetivos, el problema de investigación ya definido y su marco teórico (Teoría Institucional, Teoría

Basada en Recursos, Difusión de Innovaciones, Cultura de Schein), David utiliza ChatGPT-4.

○ *Prompt* clave: «Actúa como un académico en estudios organizacionales. Redacta un borrador de introducción (600-800 palabras) para un TFM sobre la influencia de la cultura organizacional en la adopción de prácticas sostenibles por PyMEs del sector tecnológico. La introducción debe: 1) contextualizar la creciente importancia de la sostenibilidad para las PyMEs tecnológicas; 2) plantear el problema de la variabilidad en la adopción de estas prácticas entre empresas similares; 3) justificar la necesidad de estudiar el rol específico de la cultura organizacional como factor explicativo; 4) presentar los objetivos principales (analizar cómo diferentes tipos de cultura organizacional –según Schein– se relacionan con la adopción de sostenibilidad, identificar barreras y facilitadores culturales y proponer recomendaciones); y 5) esbozar la estructura del trabajo (marco teórico, metodología, resultados, discusión y conclusiones)».

○ **Reescritura (entre el 50 % y el 70 %).** David toma el borrador de la IA. Afina el «gancho» inicial con una estadística impactante que encontró. Refuerza la justificación conectándola más explícitamente con debates actuales en la literatura que ya revisó. Asegura que la formulación de los objetivos sea precisa y coherente con su investigación. Personaliza completamente el párrafo sobre la estructura del trabajo.

- **Metodología (sección 4.3)**
  ○ **Acción de David.** David ha decidido un estudio de caso múltiple (4 PyMEs tecnológicas) con entrevistas semiestructuradas a directivos y análisis documental. Ya tiene un protocolo de entrevista y criterios de selección detallados. Utiliza Gemini.

  ○ *Prompt* clave: «Basándote en mi diseño de estudio de caso múltiple (4 PyMEs tech, entrevistas semiestructuradas con directivos, análisis de documentos internos y web) para investigar la influencia de la cultura en la adopción de sostenibilidad, redacta la subsección de 'procedimiento de recolección de datos'. Describe los pasos para: 1) selección y contacto de casos; 2) protocolo de entrevistas (temas generales, no las preguntas exactas); 3) realización y grabación de entrevistas; y 4) recopilación de documentos. Menciona brevemente el tipo de análisis temático que se planea».

  ○ **Verificación y adición.** David verifica cada detalle del procedimiento descrito por Gemini. Añade manualmente una sección completa sobre consideraciones éticas (consentimiento informado, anonimato, confidencialidad, almacenamiento seguro de datos) que redacta él mismo con sumo cuidado. También refina la descripción del análisis temático basándose en Braun & Clarke (2006).

- **Resultados (sección 4.4, uso muy limitado de IA)**
  - ○ **Acción de David.** David ha analizado sus entrevistas e identificado temas clave y patrones para cada caso y entre casos, sobre la cultura (valores, artefactos y supuestos) y su relación con la adopción (o no) de prácticas sostenibles.
  - ○ **Estructura.** Decide presentar los resultados primero por caso (describiendo la cultura y las prácticas de cada PyME) y luego un análisis transversal temático.
  - ○ **Uso de Perplexity** (con carga de transcripciones anonimizadas y solo para apoyo a la ilustración). Para un tema específico que él ya identificó en el caso A, como «percepción de la sostenibilidad como coste *vs.* inversión», usa Perplexity de forma muy limitada.
  - ○ *Prompt*: «En la transcripción del caso A (archivo: TranscripcionCasoA_anon.txt), encuentra 2 o 3 citas breves (máximo 3 líneas) que ilustren la percepción de la sostenibilidad como un coste inicial difícil de asumir para una PyME».
  - ○ **Verificación exhaustiva.** David verifica exhaustivamente que las citas seleccionadas por Perplexity sean representativas del tema que él identificó, que no estén sacadas de contexto y que realmente provengan de esa transcripción. Las integra en su redacción descriptiva (manual) de los hallazgos para el caso A.
  - ○ **No usa IA para describir datos cuantitativos.** Si los tuviera, como tamaño de empresa o años de operación, los presentaría en una tabla creada manualmente. No usa IA para analizar o generar los temas; eso es fruto de su propio análisis cualitativo.
- **Discusión (sección 4.5, IA como *sparring partner*)**
  - ○ **Acción de David.** David redacta el núcleo de la discusión manualmente, interpretando sus hallazgos a la luz de su marco teórico (Schein, 2010, Teoría Institucional, RBV).
  - ○ **Uso de Elicit (para conexiones con literatura).** Para un hallazgo específico como que «las PyMEs con una cultura más orientada al aprendizaje parecen adoptar más proactivamente prácticas de sostenibilidad, incluso sin presión externa fuerte», usa Elicit con el siguiente *prompt*: «¿Cómo se compara el hallazgo de que ‹una cultura de aprendizaje facilita la adopción proactiva de sostenibilidad en PyMEs' con la literatura existente sobre cultura organizacional y adopción de innovación en PyMEs?».
  - ○ **Uso de las respuestas de Elicit (con sus fuentes).** David utiliza las ideas y las fuentes proporcionadas por Elicit como inspiración y punto de partida para enriquecer su comparación con estudios previos, asegurándose de leer y citar correctamente las fuentes originales.

○ **Uso de ChatGPT** (para *brainstorming* de implicaciones). Utiliza el *prompt*: «Considerando mis hallazgos de que [hallazgo 1] y [hallazgo 2] sobre cultura y sostenibilidad en PyMEs *tech*, sugiere 2 implicaciones prácticas para consultores de sostenibilidad que trabajen con PyMEs y 1 implicación teórica para la investigación sobre cultura organizacional».

○ **Evaluación crítica.** David evalúa críticamente las sugerencias de ChatGPT, selecciona solo las más pertinentes y fundamentadas en sus propios datos y análisis y las desarrolla con su propia argumentación.

• **Conclusiones (sección 4.6, IA para síntesis inicial)**

○ **Acción de David.** Proporciona a Gemini un resumen extenso de sus hallazgos clave (de la sección de resultados) y los puntos principales de su discusión.

○ *Prompt*: «Genera un borrador conciso de conclusiones (aproximadamente 300-350 palabras) para mi TFM sobre cultura y sostenibilidad en PyMEs *tech*. El borrador debe: 1) resumir los hallazgos principales sobre cómo la cultura influye en la adopción; 2) responder a mis objetivos, que son [pega sus objetivos principales]; y 3) destacar la contribución principal del estudio al entendimiento de este fenómeno en PyMEs tecnológicas».

○ **Edición fuerte.** David edita en profundidad el resultado, para asegurar precisión absoluta, concisión, una declaración de contribución realista y una alineación total con el cuerpo del trabajo. Asegura que no se introduzca información nueva.

— **Ejemplos concretos de *prompts*.** Ver descripciones en cada sección. La clave del éxito de David con los *prompts* es su especificidad, el contexto que proporciona (sus propios esquemas, hallazgos y teorías) y la instrucción clara sobre la tarea que espera de la IA (generar un borrador inicial, sugerir ideas para explorar, etc.).

— **Ilustración del proceso iterativo.** David no acepta ningún texto generado por IA tal cual. Para cada sección, el ciclo es aproximadamente:

1. **Planificación o esquema detallado** (David)
2. ***Prompt* detallado y contextualizado** (David para la IA)
3. **Generación inicial del borrador** (IA)
4. **Verificación crítica y lectura profunda de fuentes** (David)
5. **Reescritura sustancial, análisis propio e integración de evidencia** (David)
6. **Refinamiento de estilo y coherencia** (David, con posible ayuda puntual de Grammarly para pulido final).

Este ciclo se repite, en menor medida, incluso después de la retroalimentación del tutor.

— **Ejemplo de documentación para el tutor (declaración de Uso de IA).** Al entregar el borrador, David incluye una nota al pie en la primera página o un breve anexo que dice algo como:

«Este borrador ha sido elaborado con la asistencia de herramientas de Inteligencia Artificial (ChatGPT-4, Gemini, Elicit, Perplexity, Research Rabbit, NotebookLM y Grammarly). Su uso se ha centrado principalmente en: a) exploración bibliográfica inicial y mapeo conceptual; b) generación de esquemas y estructuras preliminares basados en mis directrices; c) redacción de borradores iniciales de algunas secciones, siempre a partir de mis esquemas, notas y análisis previos; d) extracción supervisada de información de documentos cargados; y e) revisión de estilo y gramática. Todo el análisis de datos primarios, la interpretación crítica de los hallazgos, la argumentación principal, la síntesis final del conocimiento y la redacción definitiva de este trabajo son de mi autoría, producto de un riguroso proceso de investigación, verificación y reescritura de cualquier texto generado o asistido por IA».

4.10. EJERCICIOS PRÁCTICOS Y DE REFLEXIÓN

4.10.1. Ejercicio 1: borrador y refinamiento de la introducción

— Tome los objetivos y el esquema del marco teórico de su trabajo académico (o uno hipotético que haya desarrollado en ejercicios anteriores).

— Use un LLM (ChatGPT o Gemini) con un *prompt* estructurado (ver ejemplo en la sección 4.2.2, adaptándolo a su tema, objetivos y marco teórico) para generar un borrador inicial de la introducción (aproximadamente 500-600 palabras).

— Guarde este borrador generado por la IA.

— Ahora, revise críticamente y reescriba sustancialmente la introducción, asegurando los siguientes puntos.

   a) Un «gancho» inicial atractivo y pertinente para su audiencia académica.

   b) Una clara exposición y delimitación del problema de investigación.

   c) Una justificación sólida y convincente de la relevancia del estudio (teórica, práctica y social).

   d) Precisión y claridad en la formulación de los objetivos.

   e) Coherencia de los objetivos con el problema planteado y el resto del plan de trabajo.

   f) Su propia voz autoral, estilo y profundidad de pensamiento.

   g) Una descripción precisa de la estructura del trabajo (si aplica).

— Compare su versión final reescrita con el borrador inicial de la IA. Anote al menos tres mejoras clave que introdujo su edición y reescritura y explique por qué eran necesarias.

4.10.2. Ejercicio 2: descripción asistida de metodología

— Cree un esquema detallado paso a paso (flujograma o lista numerada) de un procedimiento metodológico específico que aplicaría en su trabajo o en un estudio hipotético (p. ej., cómo administraría un cuestionario online, cómo realizaría una serie de entrevistas semiestructuradas o cómo seleccionaría y analizaría un corpus de documentos). Sea muy preciso en los pasos.

— Use un LLM (ChatGPT o Gemini) con un *prompt* específico (ver ejemplo en la sección 4.3, proporcionando su esquema detallado) para generar una descripción redactada de ese procedimiento, basada únicamente en su esquema.

— Revise el texto generado por la IA
  • ¿Es preciso y refleja exactamente su plan?
  • ¿Es claro y suficientemente detallado para que otro investigador entienda lo que se hizo (o se haría)?
  • ¿Hay alguna ambigüedad o información faltante que estaba implícita en su esquema pero que la IA no capturó?
  • ¿Ha añadido la IA alguna información o detalle que no estaba en su esquema? (esto es importante de notar).

— Edite el texto hasta que cumpla con los criterios de precisión, claridad y replicabilidad (o transferibilidad). Reflexione sobre las ventajas y limitaciones de usar IA para esta tarea descriptiva.

4.10.3. Ejercicio 3: de la descripción de resultados a la discusión (ejercicio de pensamiento crítico)

— Imagine que ha obtenido un resultado clave en su trabajo. Puede ser un dato cuantitativo o un tema cualitativo.
  • Ejemplo de cuantitativo: «El 70 % de los estudiantes encuestados indica que la falta de tiempo es la principal barrera para participar en actividades de voluntariado universitario».
  • Ejemplo de cualitativo: «En las entrevistas, emergió el tema recurrente de 'desconfianza en la gestión de los datos personales por parte de las plataformas' como un factor que inhibe el uso de servicios de e-salud».

— **Paso A (IA Asistida, descripción objetiva).** Use un LLM para redactar un párrafo (máximo 100 palabras) que sea puramente descriptivo de este resultado (sin ninguna interpretación, valoración o conexión con otras ideas).
  • *Prompt*: «Describe objetivamente el siguiente hallazgo de investigación, sin interpretarlo ni valorarlo: [copie aquí su resultado elegido]».

— **Paso B (manual e intelectual, inicio de la discusión).** Ahora, redacte usted mismo un párrafo (aproximadamente 150-200 palabras) que comience a discutir ese mismo resultado. Su párrafo debe:

a) Interpretar brevemente el significado o la importancia de ese resultado en el contexto de su estudio.

b) Compararlo y contrastarlo con un estudio previo relevante (puede ser uno real de su marco teórico o uno hipotético plausible para el ejercicio).

c) Sugerir una posible implicación (teórica o práctica) de este hallazgo.

— Reflexione sobre la diferencia fundamental entre la descripción objetiva de un resultado (paso A) y la interpretación argumentada y contextualizada que se realiza en la discusión (paso B). ¿Qué habilidades cognitivas entran en juego en el paso B que no son (o no deberían ser) delegadas a la IA?

4.10.4. Preguntas de reflexión (enfoque en Ambrose *et al.*, 2010)

— **Práctica deliberada (principio 5).** Al usar IA para generar un primer borrador de una sección, ¿cómo puedo asegurar que el proceso posterior de edición y reescritura constituya una práctica efectiva de mis habilidades de argumentación, síntesis, análisis crítico y claridad expositiva, en lugar de solo una corrección superficial del texto de la IA? ¿Qué objetivos de mejora específicos me planteo al editar cada sección? ¿Cómo puedo usar la IA para obtener «primeras versiones» que me desafíen a pensar y mejorar, en lugar de simplemente «llenar el espacio»?

— **Metacognición y voz autoral (principio 7 y autenticidad).** ¿Qué estrategias utilizo para «escuchar» y reconocer mi propia voz mientras escribo y reviso, especialmente cuando interactúo con texto generado por IA? ¿Cómo detecto cuándo un texto, aunque gramaticalmente correcto y académicamente plausible, no suena auténtico, no refleja mi nivel de comprensión profunda o no avanza mi argumento original? ¿Cómo evalúo la originalidad y la solidez de mis argumentos en la discusión, más allá de la novedad de los datos presentados?

— **Motivación y esfuerzo (principio 3).** ¿Cómo gestiono la tentación de delegar excesivamente la redacción a la IA, especialmente en las secciones que encuentro más difíciles, tediosas o donde me siento menos seguro? ¿Qué me motiva a invertir el esfuerzo necesario en la reescritura profunda y el análisis crítico, sabiendo que la IA podría generar algo «suficientemente bueno» con menos esfuerzo aparente? ¿Cómo conecto este esfuerzo con mis metas de aprendizaje a largo plazo y con la satisfacción de producir un trabajo del que me sienta genuinamente orgulloso u orgullosa?

4.11. LA IA COMO UN COLABORADOR CONTROLADO

Este capítulo ha abordado la fase crucial de elaboración del borrador integrado del trabajo académico, detallando cómo las herramientas de Inteligencia Artificial pueden asistir, de manera controlada y ética, en la redacción de las secciones principales: introducción, metodología, resultados, discusión y conclusiones. Se ha enfatizado un enfoque práctico, mostrando ejemplos de *prompts* y flujos de trabajo, pero siempre subrayando la primacía del estudiante como autor intelectual y responsable final del contenido y la argumentación.

Se han revisado los principios rectores clave para la redacción asistida por IA: mantener la voz autoral y el pensamiento crítico, abrazar la iteración y el refinamiento continuo y utilizar estratégicamente los *prompts*. Se ha desglosado la aplicación de la IA para cada sección, destacando tanto las oportunidades de asistencia (ayuda en la estructuración, generación de borradores iniciales basados en esquemas propios, resumen de notas y *brainstorming*) como los riesgos y limitaciones (necesidad imperativa de verificación exhaustiva, especialmente en metodología y resultados; el rol insustituible del estudiante en la interpretación crítica, la síntesis profunda y la argumentación original, sobre todo en la discusión).

Se han reintroducido las consideraciones éticas específicas de esta fase de redacción, como el alto riesgo de plagio si no hay una reescritura sustancial, la importancia de la transparencia con el tutor y la responsabilidad absoluta del estudiante sobre la veracidad de la información y la originalidad de su contribución intelectual.

Un estudio de caso (David) ha ilustrado un flujo de trabajo integrado y ético, mostrando cómo se pueden combinar diferentes herramientas y técnicas de IA con el trabajo intelectual del estudiante y cómo se puede documentar este uso. Finalmente, se han propuesto ejercicios prácticos y preguntas de reflexión (conectadas con los principios de Ambrose *et al.*, 2010) para consolidar las habilidades y fomentar la metacognición en este proceso de escritura híbrida.

En síntesis, este capítulo equipa al lector con estrategias para usar la IA como un colaborador controlado en el proceso de composición del borrador, buscando acelerar ciertas tareas y potenciar la reflexión, pero siempre manteniendo al estudiante al mando del rigor intelectual, la integridad académica y la autoría genuina de su trabajo.

4.12. CONCLUSIONES: EL BORRADOR COMO DIÁLOGO ENTRE EL INVESTIGADOR Y SUS HERRAMIENTAS

La elaboración del borrador académico, asistida por Inteligencia Artificial, se configura como un nuevo tipo de diálogo: una conversación dinámica y reflexiva entre la mente del investigador y las capacidades de sus herramientas digitales.

La IA puede actuar como un catalizador poderoso, ayudando a superar la inercia inicial, estructurando ideas preliminares, sugiriendo conexiones que el investigador debe validar y puliendo la forma del texto. Sin embargo, este diálogo solo es productivo y éticamente sostenible si el investigador mantiene el control editorial, la dirección crítica y la responsabilidad final sobre cada palabra y cada argumento.

4.12.1. La IA como catalizador, no como sustituto

La verdadera contribución de la IA en esta fase de elaboración del borrador no es escribir el trabajo por el estudiante, sino acelerar ciertos procesos y liberar recursos cognitivos para que el estudiante pueda enfocarse en las tareas de mayor valor intelectual: el análisis profundo y original, la interpretación matizada de los datos, la síntesis creativa de ideas complejas y la construcción de una argumentación rigurosa y convincente. Usada correctamente, como un asistente inteligente y un *sparring partner* disciplinado, la IA potencia, no reemplaza, el pensamiento crítico y la autoría humana.

4.12.2. La importancia crítica de la revisión humana y la validación del tutor

Ningún borrador, especialmente uno que haya contado con algún grado de asistencia de IA (por mínima que sea), está completo o es fiable sin una revisión humana exhaustiva y crítica. La autoevaluación rigurosa por parte del estudiante, guiada por principios de integridad y excelencia académica, es el primer filtro indispensable. Pero la validación final de la coherencia argumental, la solidez metodológica, la originalidad de la contribución y la calidad general del borrador recae, en gran medida, en la retroalimentación experta del tutor (Resumen TFM, p. 2). Este diálogo tutor-estudiante, donde se discute tanto el contenido como el proceso (incluyendo el uso de IA), es más crucial que nunca en la era de la inteligencia artificial.

4.12.3. Hacia una escritura académica aumentada

Estamos transitando hacia un modelo de «escritura académica aumentada», donde la tecnología no es un fin en sí misma, sino un medio para asistir y potenciar las capacidades humanas de investigación, análisis y comunicación. El desafío y la oportunidad para estudiantes y educadores radican en desarrollar las competencias –técnicas, analíticas, críticas y éticas– necesarias para navegar este nuevo paradigma de forma responsable y efectiva. El objetivo final es asegurar que la tecnología sirva para elevar, no disminuir, el rigor, la originalidad y el valor intrínseco de la investigación académica y del aprendizaje que esta conlleva. La IA puede ayudar a construir el andamio, pero la solidez y la belleza del edificio dependen del arquitecto humano.

4.13. GLOSARIO DE TÉRMINOS CLAVE (RELACIONADOS CON LA REDACCIÓN DEL BORRADOR)

— **Borrador integrado:** primera versión completa del cuerpo principal del trabajo académico que une todas las secciones (introducción, metodología, resultados, discusión y conclusiones) de forma coherente y argumentada, aunque aún sujeta a revisión y mejora.
— **Ciclo iterativo (de escritura):** proceso no lineal de redacción que implica escribir, revisar, reflexionar, reescribir y refinar repetidamente el texto (o secciones del mismo) hasta alcanzar la calidad, claridad y coherencia deseadas.
— **Coherencia textual:** cualidad de un texto cuyas partes (frases, párrafos y secciones) están lógicamente conectadas y relacionadas entre sí, contribuyendo a un significado global unificado y a un flujo argumental claro.
— **Conclusiones (componentes típicos):** sección final del trabajo que incluye un breve resumen de los hallazgos más importantes, una respuesta directa a las preguntas y objetivos de investigación, una declaración concisa de la contribución principal del estudio y, opcionalmente, una reflexión final o prospectiva.
— **Discusión (componentes típicos):** sección crucial donde se interpretan los resultados, se comparan y contrastan con la literatura y el marco teórico, se explican hallazgos inesperados, se exponen las implicaciones teóricas y prácticas, se reconocen las limitaciones del estudio y se sugieren futuras líneas de investigación.
— **Introducción (componentes típicos):** sección inicial que contextualiza el tema, plantea el problema o pregunta de investigación, justifica la relevancia del estudio, enuncia los objetivos y, a menudo, describe la estructura del trabajo.
— **Metodología (componentes típicos):** sección que describe detalladamente el enfoque de investigación, el diseño del estudio, los participantes o muestra, los instrumentos y técnicas de recolección de datos, el procedimiento seguido, las técnicas de análisis de datos y las consideraciones éticas.
— **Redacción asistida (por IA):** proceso de escritura en el cual se utilizan herramientas de Inteligencia Artificial para apoyar o facilitar tareas como la generación de texto inicial (basado en esquemas), la estructuración de ideas, el parafraseo ético de texto propio, la síntesis de información o la revisión de estilo y gramática, siempre bajo el control y la supervisión crítica del autor humano.

— **Resultados (presentación):** sección del trabajo que describe de forma objetiva, clara y organizada los hallazgos de la investigación, sin interpretaciones, valoraciones ni discusiones (que se reservan para la sección de discusión).

— **Voz autoral:** estilo, tono, perspectiva y forma de argumentar distintivos de un escritor que emergen en su texto, reflejando su pensamiento crítico, su comprensión profunda del tema y su personalidad intelectual. Es la «huella» del autor en el escrito.

4.14. SUGERENCIAS DE LECTURAS COMPLEMENTARIAS

— **Sobre escritura académica específica (TFG y TFM) y el proceso de redacción del borrador**
  - Belcher, W. L. (2019). *Writing Your Journal Article in Twelve Weeks: A Guide to Academic Publishing Success*. Thousand Oaks, California: SAGE Publications. (Aunque enfocado en artículos, muchas estrategias sobre la organización del argumento, la redacción clara y el proceso de revisión son aplicables a otros trabajos académicos como TFGs y TFMs).
  - Dunleavy, P. (2003). *Authoring a PhD: How to Plan, Draft, Write and Finish a Doctoral Thesis or Dissertation*. Camden, Londres: Palgrave Macmillan. (Aunque es para nivel doctoral, los capítulos sobre la estructuración de argumentos y la redacción de secciones son muy instructivos).
  - Murray, R. (2017). *How to Write a Thesis*. Londres: Open University Press. (Guía práctica sobre todo el proceso de elaboración de una tesis o trabajo similar, con buenos consejos sobre la estructuración y redacción de cada capítulo).

— **Sobre argumentación, claridad y estilo en la escritura académica**
  - Graff, G., & Birkenstein, C. (2021). *They Say / I Say: The Moves That Matter in Academic Writing*. Nueva York: W. W. Norton & Company. (Enseña estructuras argumentativas clave para presentar las propias ideas en diálogo con otras fuentes, muy útil para las secciones de introducción, marco teórico y discusión).
  - Pinker, S. (2014). *The Sense of Style: The Thinking Person's Guide to Writing in the 21st Century*. Nueva York: Penguin Books. (Una perspectiva moderna y basada en la ciencia cognitiva sobre los principios de una buena escritura).
  - Williams, J. M., & Bizup, J. (2021). *Style: Lessons in Clarity and Grace*. Nueva York: Pearson. (Un clásico sobre cómo escribir de forma clara, concisa y elegante, fundamental para que el borrador sea comprensible y persuasivo).

4.15. BIBLIOGRAFÍA

Ambrose, S. A., Bridges, M. W., DiPietro, M., Lovett, M. C., & Norman, M. K. (2010). *How learning works: Seven research-based principles for smart teaching*. San Francisco, California: Jossey-Bass.

Barbadilla, D. (2025). *Resumen del video: TFM Master Relaciones Laborales* [Archivo PDF]. https://drive.google.com/file/d/1bVmVkPxo-5jqOBTd-gvc4xF8rvWNuIC1m/view?usp=sharing (Basado en el video: https://www.youtube.com/watch?v=Nr68Og_NGA0)

Hattie, J. (2012). *Visible learning for teachers: Maximizing impact on learning*. Londres: Routledge.

RESUMEN DEL CAPÍTULO 4

El Capítulo 4 de *La IA como herramienta académica: su uso ético para elaborar trabajos fin de grado y de máster* se adentra en el núcleo del proceso de escritura: la elaboración del borrador integrado. Tras haber establecido las bases éticas (capítulo 1), explorado las herramientas adecuadas y sus principios pedagógicos de uso (capítulo 2, conectando con Ambrose *et al.*, 2010), y construido el marco teórico (capítulo 3), este capítulo ofrece una guía práctica sobre cómo sintetizar y redactar el cuerpo principal del trabajo (introducción, metodología, resultados, discusión, conclusiones) utilizando la Inteligencia Artificial (IA) como un asistente controlado y estratégico.

El capítulo comienza reconociendo el desafío que supone esta fase: traducir la investigación previa en un texto coherente y argumentado. Se define la «elaboración del borrador» no como la creación del producto final, sino como la primera versión completa y estructurada que integra todas las secciones principales, sirviendo como base esencial para la revisión y la crucial retroalimentación del tutor. Se aborda la capacidad de la IA para generar borradores iniciales, pero se advierte inmediatamente que esta capacidad debe manejarse con extrema cautela y siempre dentro del marco ético, enfatizando que la IA es un asistente, no un sustituto del autor.

Antes de detallar la aplicación por secciones, se establecen principios rectores clave para guiar la redacción asistida por IA. El más importante es mantener la voz autoral y el pensamiento crítico, asegurando que el trabajo refleje el análisis y estilo propios del estudiante. Se subraya la naturaleza iterativa del proceso (escritura-revisión-reescritura), donde la IA puede acelerar la generación inicial, pero el refinamiento es un trabajo intelectual humano. Se recalca la importancia del uso estratégico de *prompts* claros y detallados y se conecta el proceso con principios pedagógicos (Ambrose *et al.*, 2010) para fomentar la práctica deliberada, el uso formativo (y limitado) de la retroalimentación de la IA y la metacognición constante por parte del estudiante sobre la calidad y originalidad del texto cocreado.

A continuación, el capítulo desglosa la redacción asistida de cada sección principal:

— **Introducción.** Se detallan sus componentes clave (contexto, problema, justificación, objetivos y estructura). Se explica cómo usar LLMs con *prompts* estructurales para generar un primer borrador basado en el trabajo previo y cómo refinar elementos como el «gancho» inicial o la declaración del problema. La consideración ética principal es asegurar que la introducción refleje fielmente el alcance real del estudio.

— **Metodología.** Se enumeran sus componentes habituales (enfoque, diseño, muestra, instrumentos, procedimiento, análisis y ética). Se indica que la IA puede ayudar a estructurar la sección y describir procedimientos estándar, siempre a partir de esquemas precisos del estudiante. Se advierte sobre el uso de IA para justificar métodos (requiere verificación externa) y se enfatiza que la precisión, replicabilidad y la descripción de consideraciones éticas de la investigación son responsabilidad humana.

— **Resultados.** Se aborda como la sección más delicada para la asistencia de IA. Se admite un uso muy limitado y supervisado para generar descripciones textuales iniciales y objetivas de tablas o gráficos (proporcionados por el estudiante) o para estructurar la presentación de temas cualitativos ya identificados por el estudiante. Se prohíbe enfáticamente usar IA para generar, modificar o analizar datos primarios. La verificación absoluta de cada dato descrito es esencial.

— **Discusión.** Se reconoce como el corazón de la contribución intelectual. La IA puede usarse como *sparring partner* para sugerir conexiones entre resultados y literatura (requiere verificación), generar borradores iniciales que contrasten hallazgos (basados en datos proporcionados) o hacer *brainstorming* sobre implicaciones o limitaciones. Sin embargo, se subraya que la interpretación crítica, la argumentación y la síntesis final deben ser genuinamente del estudiante.

— **Conclusiones.** La IA puede asistir generando resúmenes iniciales basados en el contenido previo del trabajo o ayudando a asegurar que las conclusiones respondan directamente a los objetivos. Pero la formulación final debe ser elaborada cuidadosamente por el estudiante para garantizar la precisión, concisión y coherencia con el resto del trabajo, evitando exageraciones.

El capítulo también aborda la importancia de asegurar la coherencia global, el estilo y el formato del borrador integrado, mediante lecturas completas, verificación cruzada entre secciones y el uso reflexivo de herramientas como Grammarly. La verificación final de citas y referencias sigue siendo crucial.

Dada la naturaleza de esta fase, se reintroducen de forma focalizada las consideraciones éticas específicas: el alto riesgo de plagio por IA si no se realiza una reescritura sustancial, la necesidad imperativa de transparencia con el tutor sobre el uso de herramientas, la responsabilidad absoluta del estudiante sobre la veracidad de la información (especialmente resultados e interpretaciones), la obligación de asegurar la contribución intelectual propia y el rol adaptado del tutor en la supervisión ética de este proceso.

Un estudio de caso (David) ilustra cómo un estudiante podría navegar la redacción de las diferentes secciones utilizando un flujo de trabajo integrado y ético, mostrando ejemplos de *prompts* y el ciclo iterativo de generación, revisión y reescritura. Se incluyen ejercicios prácticos para redactar y refinar secciones específicas (introducción, metodología y discusión hipotética) con y sin asistencia de IA, comparando los resultados. Las preguntas de reflexión finales invitan al estudiante a considerar cómo la práctica con IA impacta sus habilidades, cómo mantener la voz autoral y la motivación intrínseca y cómo evaluar de forma metacognitiva el proceso.

En resumen, el capítulo 4 proporciona una guía detallada y matizada sobre cómo integrar la IA en la fase de composición del borrador académico. Ofrece estrategias prácticas para cada sección, pero equilibra constantemente el potencial de asistencia con advertencias claras sobre los riesgos éticos y la necesidad de mantener el control intelectual, la verificación rigurosa y la autoría genuina. Concluye posicionando la elaboración del borrador como un diálogo dinámico entre el investigador y sus herramientas, donde la tecnología puede catalizar el proceso, pero el rigor, la ética y el pensamiento crítico humano siguen siendo los elementos definitorios de un trabajo académico de calidad.

10 PUNTOS MÁS IMPORTANTES DEL CAPÍTULO 4

1. **Foco en el borrador integrado:** el capítulo guía la redacción de las secciones principales (intro, metodología, resultados, discusión, conclusiones) y su integración coherente para formar la primera versión completa del trabajo.

2. **IA como asistente de composición (controlado):** la IA puede ayudar a estructurar, generar texto inicial basado en esquemas propios del estudiante y sintetizar información, pero no debe escribir el trabajo de forma autónoma.

3. **Voz autoral y pensamiento crítico primordiales:** el objetivo es usar IA para potenciar, no reemplazar, el análisis, la interpretación, el estilo y la argumentación propios del estudiante. El texto final debe reflejar su intelecto.

4. **Reescritura sustancial obligatoria:** cualquier texto generado por IA requiere una profunda revisión, edición y apropiación intelectual

(modificando significativamente estructura y contenido) para evitar plagio y asegurar la autoría genuina.

5. **Precaución extrema en la sección de resultados:** la IA no debe usarse para generar, analizar o manipular datos primarios. Su uso se limita, con máxima supervisión, a descripciones iniciales y objetivas de datos reales y ya analizados por el estudiante, con verificación absoluta.

6. **Rol limitado de la IA en la discusión:** en la discusión, la IA puede ser un *sparring partner* para generar ideas o estructuras iniciales, pero la interpretación crítica de los resultados, la argumentación y la síntesis son fundamentalmente humanas.

7. **Ética relevante en la fase de redacción:** se refuerza la necesidad de transparencia con el tutor sobre el uso de IA, la responsabilidad absoluta del estudiante sobre la veracidad de la información y la lucha activa contra el plagio por IA mediante la apropiación intelectual.

8. **Importancia de *prompts* estratégicos y contextualizados:** la calidad de la asistencia de IA depende directamente de la claridad, detalle y contexto proporcionado en los *prompts*, que deben ser diseñados por el estudiante para guiar a la IA hacia sus objetivos.

9. **Proceso iterativo de escritura, revisión y reescritura:** la redacción del borrador es un ciclo continuo. La IA puede ayudar en la generación inicial, pero el refinamiento y la mejora son procesos intelectuales del estudiante, idealmente enriquecidos por la retroalimentación del tutor.

10. **Diálogo investigador-herramienta con control humano:** la elaboración del borrador se concibe como una interacción donde el estudiante dirige, controla y valida críticamente cualquier asistencia proporcionada por las herramientas IA, manteniendo siempre la primacía de su propio juicio y responsabilidad.

10 PREGUNTAS TIPO TEST SOBRE EL CAPÍTULO 4

1. ¿Cuál es el principio rector más importante al usar IA para redactar el borrador académico, según el capítulo 4?
   a) Generar el texto lo más rápido posible para cumplir con los plazos.
   b) Mantener la voz autoral, el pensamiento crítico y la responsabilidad intelectual del estudiante.
   c) Usar la mayor cantidad posible de herramientas de IA diferentes para demostrar competencia tecnológica.

2. En la sección de metodología, ¿para qué tarea es aceptable usar IA como asistente, según el capítulo?
   a) Decidir qué enfoque metodológico (cualitativo, cuantitativo o mixto) es el mejor para el estudio sin intervención del estudiante.

b) Describir procedimientos estándar o estructurar la sección basándose en un esquema detallado y preciso proporcionado por el estudiante.

c) Realizar el análisis estadístico de los datos recopilados y generar las tablas de resultados.

3. ¿Cuál es la advertencia más importante respecto al uso de IA en la sección de resultados?

a) La IA puede generar gráficos demasiado coloridos o visualmente poco atractivos para un trabajo académico.

b) La IA no debe usarse para generar, analizar, modificar o inventar datos primarios; su uso se limita a descripciones objetivas de datos reales ya analizados por el estudiante, con verificación absoluta.

c) La IA puede hacer la sección de resultados demasiado larga, excediendo los límites de palabras habituales.

4. En la sección de discusión, ¿cuál es el rol principal que no debe asumir la IA, según las recomendaciones del capítulo?

a) Sugerir posibles conexiones con la literatura o el marco teórico (actuando como *sparring partner* para ideas que el estudiante debe validar).

b) Realizar la interpretación crítica de los resultados del estudio y formular la argumentación principal de la discusión.

c) Ayudar a estructurar la comparación entre los hallazgos propios y los de estudios previos, basándose en información proporcionada por el estudiante.

5. ¿Qué acción es indispensable después de usar IA para generar un borrador inicial de cualquier sección del trabajo académico?

a) Entregarlo directamente al tutor para revisión, asumiendo que la IA ha optimizado el texto.

b) Publicarlo inmediatamente en un repositorio online para asegurar la prioridad de las ideas.

c) Realizar una verificación rigurosa de la información, una reescritura sustancial para incorporar la voz y análisis propios y una apropiación intelectual del contenido.

6. La transparencia en el uso de IA durante la redacción del borrador implica principalmente:

a) Ocultar el uso de IA para evitar prejuicios por parte del tutor o evaluadores.

b) Documentar el proceso de uso de IA y comunicarlo abiertamente al tutor, facilitando una supervisión adecuada y un diálogo honesto.

c) Citar a la IA como coautora en la portada del trabajo si ha generado más del 50% del texto inicial.

7. ¿Qué herramienta se menciona específicamente en el capítulo para la revisión final de gramática, estilo y formato del borrador?
   a) Research Rabbit, para asegurar que todas las fuentes estén interconectadas.
   b) NotebookLM, para verificar la coherencia conceptual del borrador completo.
   c) Grammarly (o similares), para pulir aspectos formales del lenguaje de manera reflexiva.

8. ¿Cómo describe el capítulo el proceso de elaboración del borrador en la era de la IA?
   a) Como un proceso lineal y rápido, gracias a la capacidad de la IA para generar texto de alta calidad instantáneamente.
   b) Como un ciclo iterativo de escritura, revisión (humana y, limitadamente, de IA), reescritura y mejora continua, donde la IA puede asistir, pero el estudiante dirige.
   c) Como una tarea que puede delegarse completamente a la IA si se proporcionan los *prompts* adecuados, liberando al estudiante para otras actividades.

9. La voz autoral, en el contexto de la escritura académica, se refiere a:
   a) La calidad del audio generado por una IA si se convierte el texto a voz para una presentación.
   b) El estilo, tono, perspectiva y forma de argumentar distintivos del estudiante que se reflejan en el texto, demostrando su pensamiento crítico y comprensión.
   c) El software de reconocimiento de voz utilizado por el estudiante para dictar el borrador inicial del trabajo.

10. La conclusión principal del capítulo es que la IA en la redacción del borrador es:
    a) Un sustituto completo del esfuerzo intelectual del estudiante, garantizando un trabajo perfecto si se usa bien.
    b) Un catalizador y asistente útil que requiere control crítico, responsabilidad ética, apropiación intelectual y una sustancial reescritura por parte del estudiante para asegurar la autoría humana y la calidad.
    c) Una tecnología peligrosa que debe ser prohibida en la elaboración de trabajos académicos para preservar la originalidad.

SOLUCIÓN DE LAS PREGUNTAS TIPO TEST

1. b) Mantener la voz autoral, el pensamiento crítico y la responsabilidad intelectual del estudiante.

2. b) Describir procedimientos estándar o estructurar la sección basándose en un esquema detallado y preciso proporcionado por el estudiante.

3. b) La IA NO debe usarse para generar, analizar, modificar o inventar datos primarios; su uso se limita a descripciones objetivas de datos reales ya analizados por el estudiante, con verificación absoluta.

4. b) Realizar la interpretación crítica de los resultados del estudio y formular la argumentación principal de la discusión.

5. c) Realizar una verificación rigurosa de la información, una reescritura sustancial para incorporar la voz y análisis propios y una apropiación intelectual del contenido.

6. b) Documentar el proceso de uso de IA y comunicarlo abiertamente al tutor, facilitando una supervisión adecuada y un diálogo honesto.

7. c) Grammarly (o similares), para pulir aspectos formales del lenguaje de manera reflexiva.

8. b) Como un ciclo iterativo de escritura, revisión (humana y, limitadamente, de IA), reescritura y mejora continua, donde la IA puede asistir, pero el estudiante dirige.

9. b) El estilo, tono, perspectiva y forma de argumentar distintivos del estudiante que se reflejan en el texto, demostrando su pensamiento crítico y comprensión.

10. b) Un catalizador y asistente útil que requiere control crítico, responsabilidad ética, apropiación intelectual y una sustancial reescritura por parte del estudiante para asegurar la autoría humana y la calidad.

CAPÍTULO 5.
ELABORACIÓN FINAL Y PRESENTACIÓN
DE TRABAJOS ACADÉMICOS
CON HERRAMIENTAS ADECUADAS

5.0. INTRODUCCIÓN: DEL BORRADOR A LA VERSIÓN DEFINITIVA Y SU DEFENSA

5.0.1. Recapitulación de capítulos 1-4: el camino hasta el borrador integrado

A lo largo de los capítulos anteriores, hemos navegado el complejo proceso de elaboración de trabajos académicos en la era de la Inteligencia Artificial. Hemos establecido un marco ético (capítulo 1), explorado un abanico de herramientas adecuadas y los principios pedagógicos para su uso (capítulo 2, conectando con Ambrose *et al.*, 2010), construido la columna vertebral teórica (capítulo 3) y, finalmente, hemos ensamblado un borrador integrado de las secciones principales (capítulo 4). Este borrador, aunque sustancial y producto de un esfuerzo considerable, representa un hito intermedio crucial, no el punto final. Llegamos ahora al último y decisivo capítulo: la transformación de ese borrador en la versión definitiva del trabajo académico y la preparación para su comunicación y defensa.

5.0.2. El propósito de este capítulo: refinar el trabajo académico y prepararse para la presentación y defensa

Como se indica al inicio de la fuente principal para este capítulo (Barbadilla, 2025), una vez realizado el borrador, el siguiente paso es la elaboración final, culminando en una «versión definitiva» tras las revisiones pertinentes, especialmente las del tutor. Este capítulo se enfoca precisamente en ese proceso de refinamiento y en cómo prepararse eficazmente para la presentación y posible defensa del trabajo ante un tribunal o instancia evaluadora. Se explorará cómo la IA, usada de forma estratégica y ética, puede asistir en estas etapas finales, no para reemplazar el juicio humano, sino para potenciarlo.

5.0.3. Doble enfoque: elaboración final y preparación para la presentación

Este capítulo aborda dos fases interconectadas pero distintas, ambas cruciales para la culminación exitosa del trabajo académico.

— **Elaboración final.** Se centra en las tareas críticas de revisión, edición y refinamiento que deben realizarse sobre el borrador integrado para alcanzar la calidad, el rigor y la pulcritud exigidos en un trabajo académico final. Estas tareas, como veremos, recaen fundamentalmente en la responsabilidad intelectual y el esfuerzo meticuloso del estudiante e incluyen la verificación exhaustiva de fuentes y datos, la ampliación selectiva donde sea necesario, la revisión profunda del texto y la estructura y el aseguramiento de una coherencia interna impecable.

— **Preparación para la presentación (y defensa).** Explora cómo las herramientas de IA, utilizadas de manera estratégica sobre el trabajo ya finalizado y validado, pueden asistir en:
  • La síntesis del contenido para la comunicación oral,
  • La autoevaluación del trabajo frente a posibles preguntas críticas del tribunal
  • y la creación de soportes visuales o multimedia atractivos y efectivos.
  Se busca facilitar una comunicación clara, concisa y convincente de la investigación.

5.0.4. Objetivos de aprendizaje específicos del capítulo

Al completar este capítulo, los lectores serán capaces de:
— Identificar y ejecutar las tareas clave de revisión, edición y refinamiento necesarias para transformar un borrador académico en una versión final de alta calidad.
— Aplicar estrategias efectivas para verificar la exactitud y existencia de todas las fuentes y referencias, especialmente aquellas potencialmente influenciadas por el uso previo de IA, y comprender la importancia de esta verificación.
— Utilizar herramientas de IA de forma estratégica para analizar la robustez del trabajo finalizado frente a preguntas críticas y para anticipar posibles cuestiones en una defensa.

— Generar síntesis del trabajo (resúmenes y puntos clave) y crear soportes visuales (mapas conceptuales y esquemas de presentaciones) asistidos por IA para facilitar la comunicación efectiva de la investigación.

— Desarrollar estrategias efectivas para la preparación y realización de la presentación oral y la defensa del trabajo académico.

— Reflexionar sobre las competencias adquiridas a lo largo de todo el proceso de elaboración del trabajo, incluyendo el uso ético y eficaz de la IA.

5.0.5. Hoja de ruta: pasos para la finalización y estrategias de presentación asistida por IA

Comenzaremos detallando las tareas cruciales de la **elaboración final** del texto escrito, enfatizando la responsabilidad del estudiante y abordando de forma específica el desafío de la verificación de información en el contexto de la IA. Luego, nos sumergiremos en las aplicaciones prácticas de la IA para la preparación de la presentación (autoevaluación, síntesis y soportes visuales). Continuaremos con estrategias para la presentación oral y la defensa. Ilustraremos el proceso con un estudio de caso (siguiendo a David). Propondremos ejercicios prácticos y concluiremos con un resumen, reflexiones finales, un glosario y lecturas complementarias.

5.1. FASE DE ELABORACIÓN FINAL: REFINAMIENTO CRÍTICO DEL BORRADOR (ÉNFASIS EN LA RESPONSABILIDAD DEL ESTUDIANTE)

Una vez recibido el borrador integrado (desarrollado en el capítulo 4) y, idealmente, la primera ronda de comentarios y sugerencias del tutor, comienza la fase intensiva de refinamiento y pulido para llegar a la versión definitiva. Aunque la Inteligencia Artificial pudo haber asistido en la creación del borrador, esta fase de elaboración final es eminentemente una tarea intelectual, artesanal y de responsabilidad exclusiva del estudiante. Como se recalca en la fuente principal (*PDF Cap5*, 02:06), «al final, el texto lo tenemos que proporcionar nosotros, no tiene que proporcionar el texto por parte del modelo de lenguaje que ha hecho el borrador». Esto significa que el estudiante debe tomar plena posesión del texto, asegurando su calidad, coherencia y originalidad.

5.1.1. Verificación y actualización de fuentes

La credibilidad de un trabajo académico depende en gran medida de la calidad y precisión de sus fuentes.

— **Revisión de URLs y enlaces.** Verificar manualmente que todos los enlaces web (URLs y DOIs) en la bibliografía o en el cuerpo del texto estén activos y dirijan al recurso correcto. Actualizarlos si es necesario (*PDF Cap5*, 00:48). Utilizar herramientas como Wayback Machine para archivar enlaces importantes si se teme su desaparición puede ser una buena práctica, aunque no siempre es un requisito formal.

— **Correcta referenciación y consistencia bibliográfica.** Asegurar que todas las fuentes citadas en el texto aparezcan correctamente en la lista de referencias final, y viceversa (que no haya fuentes en la bibliografía que no se citen en el texto). Verificar que el formato de cada cita y de cada entrada en la bibliografía (p. ej., APA 7, Vancouver o el requerido por la institución) sea impecable, consistente y cumpla con todas las normativas de estilo (puntuación, cursivas, orden de autores, etc.) (*PDF Cap5*, 00:48).

— **Ampliación de búsqueda final (si es pertinente y hay tiempo).** Realizar una última búsqueda bibliográfica para incluir publicaciones muy recientes (últimos meses) o autores clave que pudieran haberse omitido y que sean cruciales para demostrar que el trabajo está al día con los desarrollos más importantes del tema (*PDF Cap5*, 01:27). Esto es especialmente relevante en campos de rápida evolución.

5.1.2. Revisión profunda del texto y estructura

Más allá de la corrección gramatical, esta revisión se enfoca en la claridad, concisión y efectividad de la comunicación.

— **Eliminar redundancias y verbosidad.** Identificar y eliminar repeticiones innecesarias de ideas o palabras, frases largas o complejas que dificulten la lectura y palabras superfluas («paja»). Buscar la concisión y la precisión en cada frase (*PDF Cap5*, 01:27). Preguntarse: «¿Puedo decir esto de forma más directa y clara?».

— **Simplificar y clarificar oraciones y párrafos.** Reformular oraciones confusas, ambiguas o mal estructuradas. Asegurar que cada párrafo tenga una idea central clara (a menudo expresada en una oración temática) y que todas las oraciones del párrafo contribuyan a desarrollar esa idea. Verificar la conexión lógica entre oraciones dentro de cada párrafo (*PDF Cap5*, 02:06).

— **Uso estratégico de viñetas o listas.** Considerar el uso de listas numeradas o con viñetas para presentar información de forma estructurada y fácil de asimilar, especialmente cuando se enumeran pasos metodológicos, se presentan categorías de resultados, se listan criterios o se resumen puntos clave (*PDF Cap5*, 02:06). Esto puede mejorar significativamente la legibilidad.

5.1.3. Aseguramiento de la coherencia interna

Un trabajo académico debe ser un todo unificado, no una colección de partes desconectadas.

— **Conexión lógica y flujo argumental.** Leer el trabajo completo de principio a fin buscando la fluidez y la conexión lógica entre capítulos, secciones y párrafos. Asegurar que los conceptos se usen de manera consistente a lo largo de todo el texto y que el argumento general progrese sin saltos abruptos, contradicciones o lagunas inexplicadas (*PDF Cap5*, 02:06). Verificar que las transiciones sean efectivas.

— **Evitar fragmentación excesiva.** Evaluar si la estructura del trabajo (capítulos, secciones y subsecciones) está excesivamente fragmentada en apartados demasiado cortos. Considerar fusionar subsecciones breves si esto mejora la fluidez y la cohesión del argumento o si tratan ideas muy relacionadas que se beneficiarían de una presentación conjunta. La coherencia, como se indica en la fuente (*PDF Cap5*, 02:42), «la tenemos que hacer nosotros», es decir, es una labor activa del autor.

5.1.4. Ampliación y profundización específica (donde sea necesario)

A veces, la revisión revela que algunas secciones necesitan más desarrollo para ser convincentes.

— **Refuerzo empírico o teórico.** Según la naturaleza del trabajo y la retroalimentación del tutor, puede ser necesario incluir estudios empíricos adicionales, datos más específicos o una mayor profundización en ciertos aspectos teóricos para fortalecer las afirmaciones o los análisis realizados (*PDF Cap5*, 02:42).

— **Incorporar nuevas referencias de forma significativa.** Si se han encontrado referencias adicionales importantes (ver 5.1.1), no basta con añadirlas a la bibliografía. Deben integrarse de forma significativa en el texto, mostrando cómo apoyan, matizan o contrastan con los argumentos propios o los de otras fuentes ya citadas.

— **Mayor detalle en estudios cualitativos o mixtos.** Asegurar que la presentación de datos cualitativos (extractos de entrevistas, observaciones y análisis documental) sea suficientemente detallada y esté respaldada por citas textuales representativas y bien seleccionadas que ilustren vívidamente los hallazgos y apoyen las interpretaciones (*PDF Cap5*, 03:57). Los extractos deben ser relevantes y no excesivamente largos, pero sí suficientes para entender el punto.

— **Revisión final de resultados y discusión.** Prestar atención especial a estas secciones críticas. Asegurar que los resultados se presenten de forma clara, concisa y convincente, y que la discusión los interprete adecuadamente, los conecte con la teoría y la literatura (marco teórico y revisión bibliográfica) y extraiga conclusiones e implicaciones pertinentes y bien fundamentadas (*PDF Cap5*, 05:09). Es el momento de asegurar que la «historia» que cuentan los datos sea coherente y significativa.

5.1.5. Incorporación de retroalimentación del tutor

Este es un paso ineludible y fundamental en el proceso de elaboración final.
— **Análisis cuidadoso.** Leer y analizar cuidadosamente todos los comentarios, sugerencias y críticas proporcionadas por el tutor. Es importante entender no solo qué sugiere cambiar, sino por qué.
— **Implementación reflexiva.** Implementar los cambios necesarios, no solo corrigiendo errores puntuales, sino reflexionando sobre las razones detrás de los comentarios para mejorar la calidad global del trabajo. Esto puede implicar reescribir secciones, reestructurar argumentos, clarificar conceptos, añadir o eliminar contenido.
— **Diálogo constructivo.** Si hay desacuerdos con alguna sugerencia del tutor o si algo no queda claro, es importante discutirlo con respeto y argumentos adecuadis con él o ella. El objetivo es llegar a una versión consensuada y validada del trabajo que satisfaga los estándares académicos y los criterios de evaluación. (*PDF Cap5*, 00:02, 04:33).
— La retroalimentación del tutor es, probablemente, la guía más importante para transformar el borrador en una versión definitiva de alta calidad.

5.2. VERIFICACIÓN CRÍTICA FINAL: EL DESAFÍO DE LAS «ALUCINACIONES» DE IA

Una de las tareas más críticas en la fase de elaboración final, especialmente si se ha utilizado Inteligencia Artificial en fases previas (incluso solo para exploración bibliográfica o generación de ideas), es la verificación exhaustiva de todas las referencias y citas. La fuente proporcionada (*PDF Cap5*) dedica una atención significativa a este problema, basándose en estudios y preocupaciones de expertos, y este manual lo reitera como un punto no negociable de la integridad académica.

5.2.1. El problema persistente: inexactitud en referencias y citas generadas por IA

Como se señala explícitamente en la fuente, los modelos de lenguaje, incluidos los *chatbots*, a menudo «no son buenos» para proporcionar referencias bibliográficas y citas correctas (*PDF Cap5*, 05:46). En lugar de admitir que no encuentran una fuente o cita precisa para respaldar una afirmación (que ellos mismos pueden haber generado), tienden a «ofrecer respuestas incorrectas o especulativas» o incluso, y esto es lo más problemático, «se la inventan» (*PDF Cap5*, 05:46, 00:36 [p. 2]).

Este fenómeno, conocido como «alucinación» de la IA (*PDF Cap5*, 06:25), puede llevar a la inclusión en el trabajo académico de:

— referencias a artículos, libros o autores inexistentes;

— citas atribuidas incorrectamente a un autor o a una obra;

— información (p. ej., números de página o detalles de publicación) incorrecta para fuentes que sí existen;

— DOIs o URLs falsos o que no conducen al recurso citado.

Es crucial entender que incluso los modelos de IA más avanzados o de pago pueden incurrir en estos errores, a veces «con mayor seguridad que sus contrapartes gratuitas» (*PDF Cap5*, 06:25), lo que puede hacerlos aún más engañosos. Estudios como el de la *Columbia Journal Review* (mencionado en *PDF Cap5*, 00:01, p. 2) y las advertencias de académicos como Chiras o Emily Bender (*PDF Cap5*, 01:12, p. 2) subrayan que la fiabilidad de las citas y referencias generadas por IA es un problema real y significativo en el contexto académico.

5.2.2. La necesidad de verificación manual exhaustiva

Dado este riesgo persistente y bien documentado de «alucinaciones», es absolutamente indispensable verificar manualmente cada referencia bibliográfica y cada cita (tanto parentética como narrativa) presente en el trabajo académico, especialmente si se sospecha que pudo haber sido sugerida o influenciada por una IA en alguna etapa del proceso, por muy preliminar que fuera. Como indica la fuente, «el borrador hay que verificarlo» (*PDF Cap5*, 00:01[p2]). No se puede, bajo ninguna circunstancia, confiar ciegamente en ninguna referencia o cita que haya sido sugerida, generada o incluso «corregida» por una IA en fases anteriores sin una comprobación humana contra las fuentes originales.

5.2.3. Estrategias prácticas para la verificación

La verificación debe ser sistemática y rigurosa. Las siguientes estrategias son fundamentales.

— **Contrastar con la fuente original (para citas en el texto)**
  • Para cada cita en el cuerpo del trabajo (sea directa o parafraseada):
    1. Localizar el documento original (artículo, libro, informe, etc.).
    2. Comprobar que la afirmación o idea citada realmente se encuentra en ese documento.
    3. Verificar que la atribución al autor y año sea correcta.

4. Si es una cita directa, asegurar que sea textualmente idéntica al original (incluyendo puntuación) y que el número de página (si aplica) sea exacto.

5. Si es un parafraseo, asegurar que represente fielmente la idea del autor original sin distorsionarla y que no sea un plagio encubierto.

— **Verificar la existencia y detalles de las referencias (para la lista de bibliografía)**
   • Para cada entrada en la lista de referencias al final del trabajo:
      1. Comprobar que el artículo, libro, capítulo, etc., existe realmente. Esto se puede hacer buscando el título y autores en bases de datos académicas reconocidas (Google Scholar, Scopus, Web of Science, PubMed, catálogos de bibliotecas universitarias y sitios web de editoriales académicas).
      2. Verificar todos los detalles bibliográficos: exactitud de los nombres de los autores y su orden, título completo y correcto del trabajo, nombre de la revista o libro, año de publicación, volumen, número, páginas, DOI (Digital Object Identifier) o URL (si es una fuente online).
      3. Prestar especial atención a los DOIs y URLs: comprobar que estén activos y que dirijan al recurso correcto. Un DOI incorrecto o una URL rota invalidan la referencia.

— **Uso (limitado) de gestores bibliográficos para apoyo, no para verificación de contenido**
   • Herramientas como Zotero, Mendeley o EndNote pueden ayudar a gestionar la biblioteca de referencias, detectar posibles duplicados, formatear la bibliografía según un estilo específico y asegurar la consistencia entre las citas en el texto y la lista final.
   • Sin embargo, estos gestores no verifican la existencia real de una fuente que se haya introducido manualmente con errores, ni la corrección del contenido citado, ni la exactitud de un DOI o URL si fue mal introducido. La verificación de la veracidad y existencia sigue siendo manual.

— **Chequeo de formato según normas**
   • Asegurar que el formato de cada cita en el texto y de cada entrada en la lista de referencias cumpla estrictamente con las normas de estilo requeridas por la institución o la revista (p. ej., APA 7, Vancouver, MLA, Chicago, etc.). Esto incluye puntuación, cursivas, uso de mayúsculas, abreviaturas, etc.

5.2.4. Recordatorio: la responsabilidad final

La inclusión de referencias falsas («alucinaciones»), citas incorrectas o datos bibliográficos erróneos, incluso si se originaron por una sugerencia o un error de una herramienta de IA, es responsabilidad exclusiva del autor del trabajo académico. Este tipo de errores pueden tener consecuencias académicas graves, desde la penalización en la calificación hasta acusaciones de negligencia investigadora o incluso de deshonestidad académica si se considera que no hubo la diligencia debida en la verificación.

La verificación rigurosa de todas las fuentes y citas es un componente no negociable de la integridad académica y del rigor científico. No es una tarea opcional ni secundaria; es una parte esencial del proceso de investigación y escritura.

5.3. PREPARACIÓN PARA LA PRESENTACIÓN DEL TRABAJO ACADÉMICO CON ASISTENCIA DE IA

Una vez que se tiene la versión definitiva del trabajo académico (revisada, verificada, con todas las fuentes comprobadas y, idealmente, aprobada por el tutor), la Inteligencia Artificial puede volver a entrar en juego como una herramienta útil para ayudar a preparar la presentación oral y la defensa ante el tribunal o la audiencia correspondiente. En esta fase, la IA se aplica sobre un contenido ya validado y finalizado por el humano.

5.3.1. Autoevaluación del trabajo mediante *prompts* de pensamiento crítico

Antes de crear cualquier material de presentación, es sumamente útil anticipar las posibles preguntas, críticas o áreas de interés que podría tener el tribunal o la audiencia. La IA puede ayudar a simular este proceso de escrutinio mediante *prompts* específicos basados en el pensamiento crítico, aplicados al texto final del trabajo.

La fuente principal (*PDF Cap5*, 02:57-07:23) detalla una serie de preguntas agrupadas por categorías (por qué, dónde, cuándo, qué, cómo y quién) que se pueden plantear a un modelo de lenguaje (como NotebookLM, que ya tendría el trabajo final cargado como fuente) para que responda basándose en el contenido del propio trabajo. Este ejercicio no busca nueva información, sino una «relectura crítica» asistida.

— **Uso práctico (con NotebookLM o similar y el PDF del trabajo final cargado)**
   1. Cargar el trabajo académico finalizado en PDF como fuente en NotebookLM o una herramienta similar que permita conversar con el documento.

2. Formular *prompts* basados en las preguntas de pensamiento crítico detalladas en el *PDF Cap5* (adaptándolas si es necesario al trabajo específico).

- *Prompt* 1 (categorías: por qué, dónde y cuándo, *PDF Cap5*, 04:05-05:41): «Basándote en el contenido de mi trabajo académico cargado, responde a las siguientes preguntas de pensamiento crítico:
  - ○ ¿Por qué es relevante el problema investigado en este trabajo? ¿Qué justificaciones se ofrecen?
  - ○ ¿Dónde se observan situaciones, contextos o fenómenos similares a los estudiados aquí? ¿El trabajo los menciona?
  - ○ ¿Por qué es este un momento oportuno o significativo para abordar este tema? ¿Se argumenta esto en el texto?
  - ○ ¿A quién beneficia o podría beneficiar esta investigación (sociedad, comunidad académica o grupos específicos)? ¿Se explicita esto?» (adaptar y seleccionar las preguntas más pertinentes del listado completo del PDF).
- *Prompt* 2 (categorías: qué, cómo, quién, *PDF Cap5*, 06:19-07:23): «Continuando el análisis del trabajo cargado, responde:
  - ○ ¿Cuáles son las principales fortalezas y debilidades de la investigación tal como se presentan o se pueden inferir del texto?
  - ○ ¿Existen perspectivas alternativas o enfoques teóricos/metodológicos que no se consideraron y que podrían haber ofrecido una visión diferente?
  - ○ ¿El trabajo discute alguna alternativa?
  - ○ ¿Hay posibles contraargumentos a las conclusiones principales del trabajo?
  - ○ ¿Se abordan en la discusión?
  - ○ ¿Cómo se compara esta investigación con otros trabajos similares mencionados en el texto o en el campo general?
  - ○ ¿Quiénes son los principales beneficiarios o, por el contrario, quiénes podrían verse afectados negativamente (si aplica) por los hallazgos o implicaciones de esta investigación?».
- **Objetivo de este ejercicio**
  Las respuestas generadas por la IA (que deben estar basadas exclusivamente en el contenido del propio trabajo cargado) ayudan al estudiante a:
  - ○ Identificar puntos fuertes y débiles de su argumentación y presentación desde una «perspectiva externa».
  - ○ Anticipar preguntas difíciles o áreas de escrutinio por parte del tribunal.
  - ○ Preparar respuestas concisas, fundamentadas y reflexivas a esas posibles preguntas.

- ○ Reforzar su comprensión global del trabajo, sus implicaciones y sus limitaciones.
- ○ Identificar si alguna parte del trabajo no está suficientemente clara o justificada.

3. **Práctica Guiada**
- Seleccionar 5 o 6 preguntas clave de los *prompts* de pensamiento crítico del *PDF Cap5* que sean más relevantes para su trabajo.
- Ejecutarlas en NotebookLM (u otro LLM con el trabajo cargado).
- Analizar críticamente las respuestas generadas por la IA: ¿son precisas? ¿Se basan realmente en el texto? ¿Señalan algún punto que no había considerado suficientemente?
- Preparar posibles réplicas, aclaraciones o incluso identificar áreas del trabajo que podrían necesitar un último pequeño ajuste en su presentación oral para mayor claridad.

5.3.2. Generación de síntesis y contenidos clave para la presentación

Para crear una presentación oral efectiva, es útil tener síntesis del trabajo académico en diferentes formatos y extensiones. La IA puede generar estas síntesis de manera eficiente a partir del texto finalizado, proporcionando material base para las diapositivas y el guion del discurso.

— **Uso práctico (con NotebookLM u otro LLM y el trabajo académico finalizado cargado como fuente)**

Utilizar *prompts* específicos como los detallados en la fuente (*PDF Cap5*, 08:58-09:32) para obtener diferentes tipos de resúmenes. Estos *prompts* están diseñados para ser ejecutados sobre el documento completo.

- *Prompt* de resumen extenso (para comprensión profunda o compartir con el tutor): «Genera un resumen de mi trabajo académico con aproximadamente 1000 palabras, cubriendo los aspectos principales de cada sección: introducción (problema y objetivos), marco teórico (teorías clave), metodología (enfoque, diseño, muestra, instrumentos, procedimiento y análisis), resultados principales, discusión (interpretación, comparación con literatura, implicaciones y limitaciones) y conclusiones». (Útil para que el propio estudiante repase la estructura global o para que el tutor tenga una visión rápida antes de la defensa).

- *Prompt* de puntos clave (ideal para la estructura de la presentación): «Identifica y lista los 10 puntos o mensajes más relevantes y clave de mi investigación, presentados en formato de puntos o viñetas concisos. Cada punto debe ser una frase completa que no necesite explicación adicional». (Este es un excelente punto de partida para las diapositivas principales de la presentación).

- *Prompt* de objeto de estudio: «Define claramente, en una o dos frases, cuál ha sido el objeto de estudio de esta investigación».
- *Prompt* de resumen o *abstract* (y traducción si es necesario): «Genera un resumen del *abstract* de este trabajo académico (aproximadamente 250-300 palabras). Si el trabajo está en español y el *abstract* original también, perfecto. Si el *abstract* original está en otro idioma o no está claramente delimitado, genera uno nuevo en español basado en todo el documento». (Si se necesita un *abstract* en inglés, se puede pedir la traducción posteriormente: «Traduce el *abstract* anterior al inglés académico»).
- *Prompt* de aspectos centrales del problema y citas textuales clave: «Describe los aspectos centrales del problema de investigación abordado en este trabajo. Incluye 1 o 2 citas textuales breves y muy significativas del propio trabajo (sección de introducción o marco teórico) que ayuden a ilustrar la importancia o naturaleza del problema». (La IA debe buscar en el texto cargado).
- *Prompt* de preguntas de investigación: «Redacta de forma clara y concisa las preguntas de investigación (principal y secundarias, si las hay) que este trabajo buscó responder».
- *Prompt* de técnicas e instrumentos de recolección de datos (si aplica): «Describe brevemente las técnicas e instrumentos utilizados para la recolección de datos en esta investigación, tal como se explican en la sección de metodología».
- *Prompt* de técnicas de análisis de datos (si aplica): «Describe brevemente las técnicas de análisis de datos empleadas en este estudio, según lo detallado en la metodología».
- *Prompt* de hallazgos principales (en el idioma del trabajo): «Resume los hallazgos o resultados principales de esta investigación, presentándolos de forma objetiva y en el idioma original del trabajo [especificar idioma si es necesario, p. ej., en español]».
- *Prompt* de conclusiones principales: «Resume las conclusiones principales de este trabajo, destacando la respuesta a los objetivos y la contribución fundamental».

— **Resultado esperado.** Un conjunto de textos sintetizados de diversa extensión y enfoque, que sirven como material base para construir las diapositivas de la presentación y para preparar el discurso oral. Estos resúmenes ayudan a identificar y priorizar la información más relevante para comunicar.
— **Verificación necesaria.** Aunque se trabaja sobre el texto finalizado, es crucial comprobar que las síntesis generadas por la IA sean precisas, no omitan información esencial y representen fielmente el contenido y las conclusiones del trabajo académico. La IA puede a veces simplificar en exceso o

malinterpretar matices. El estudiante debe editar estas síntesis para asegurar su exactitud y adecuación.

— **Práctica guiada.** Ejecutar el *prompt* completo con las 11 cuestiones (o una selección de las más relevantes) en NotebookLM (o un LLM similar) sobre el trabajo académico finalizado. Guardar la respuesta como una nota o documento. Evaluar la calidad, precisión y utilidad de cada síntesis generada. Identificar qué resúmenes son más útiles para diferentes partes de la preparación de la presentación.

5.3.3. Creación de soportes visuales asistida por IA: un abanico de posibilidades

Una vez que se dispone de las síntesis y puntos clave, la IA ofrece varias vías para generar rápidamente la estructura o incluso un primer diseño visual de la presentación (diapositivas).

— **Opción 1: mapa conceptual o cuadro sinóptico interactivo (con NotebookLM)**
  • Utilizar la función «Conceptual Map» (o similar, si evoluciona) en NotebookLM, como se menciona en la fuente (*PDF Cap5*, 10:04). Esta función, aplicada al trabajo completo, puede generar una representación visual y estructurada del contenido principal del trabajo, mostrando las relaciones entre conceptos clave y secciones.
  • **Uso:** este mapa puede servir como guía para estructurar la presentación, como una diapositiva de resumen general al inicio o al final, o incluso (si la herramienta lo permite) como un elemento interactivo que permita desplegar secciones y navegar por el contenido de forma no lineal durante la presentación.
  • **Ventaja:** ofrece una visión de conjunto y puede ayudar a comunicar la estructura lógica del trabajo de forma visual.

— **Opción 2: código VBA para PowerPoint (para usuarios con conocimientos básicos de macros)**
  • Se puede pedir a un LLM avanzado (como ChatGPT-4 o Gemini) que genere código VBA (Visual Basic for Applications) para Microsoft PowerPoint.
  • Ejemplo de *prompt*: «Basándote en los siguientes 10 puntos clave de mi TFM [pegar los 10 puntos clave concisos generados en la sección 5.3.2], crea un código VBA para Microsoft PowerPoint que genere una presentación de 10 diapositivas. Cada diapositiva debe tener uno de los puntos clave como título. Deja espacio en cada diapositiva para añadir contenido (texto o imágenes) manualmente después».
  • **Proceso:** el código generado se pega en el editor de VBA de PowerPoint (Archivo > Opciones > Personalizar cinta de opciones > marcar «Programador»; luego en la pestaña Programador > Visual Basic). Se ejecuta el

código (macro) y esto crea la estructura básica de la presentación con los títulos.

- **Ventaja:** automatiza la creación de la estructura inicial de las diapositivas. (*PDF Cap5*, 11:50).
- **Precaución:** requiere conocimientos básicos de cómo ejecutar macros en PowerPoint y siempre se debe revisar el código por seguridad si se obtiene de fuentes no fiables (aunque los LLMs suelen generar código funcional para tareas simples).

— **Opción 3: herramientas IA específicas para presentaciones (Gamma.app, Prezi AI, Tome, etc.)**

- Estas son plataformas diseñadas para crear presentaciones atractivas y estructuradas a partir de texto o *prompts*.
- **Gamma.app.** Permite pegar texto (como el resumen de 1000 palabras o los 10 puntos clave) y genera automáticamente una presentación con un diseño, imágenes sugeridas y una estructura temática. Es gratuita para un número limitado de usos y presentaciones (*PDF Cap5*, 11:50).
  - *Proceso con Gamma:* registrarse, elegir crear con IA, pegar el texto o escribir un *prompt* detallado sobre el contenido de la presentación, seleccionar un tema visual y dejar que la IA genere un primer borrador.
- **Prezi AI.** Similar a Gamma, pero integrada en la plataforma Prezi, conocida por sus presentaciones dinámicas con *zoom* y movimiento. Se le puede dar el resumen, simplemente el título del trabajo o un *prompt* más detallado, y genera una presentación con la estructura y el estilo característicos de Prezi. Ofrece opciones de personalización de diseño (*PDF Cap5*, 11:50-final).
  - *Proceso con Prezi AI:* registrarse (Prezi AI puede tener un periodo de prueba gratuito o funciones gratuitas limitadas), seleccionar la opción de crear con IA, proporcionar el *input* (texto o *prompt*) y personalizar el resultado.
- **Otras herramientas emergentes (Tome, Beautiful.ai, etc.).** Continuamente surgen nuevas herramientas con capacidades similares. Vale la pena explorar las más recientes si se busca este tipo de asistencia.
- **Ventaja:** pueden generar rápidamente un primer borrador visualmente atractivo y bien estructurado, ahorrando tiempo en el diseño inicial.

— **Proceso práctico y crucial con Prezi AI (o Gamma.app, u otra similar)**

0. Registrarse en la plataforma elegida.
1. Elegir la opción de crear con IA.
2. Pegar el resumen de 1000 palabras, los 10 puntos clave (generados en 5.3.2) o simplemente el título del trabajo y un *prompt* detallado sobre los contenidos que se quieren incluir en la presentación (p. ej., «Crea una presentación de 12 diapositivas sobre mi TFM titulado

'[Título]' que cubra: introducción, objetivos, metodología principal, 3 hallazgos clave, discusión de cada hallazgo, limitaciones, implicaciones y conclusiones»).

3. Dejar que la IA genere la presentación inicial.
4. Editar y personalizar (este paso es absolutamente crucial).
   - Revisar el contenido de CADA diapositiva: asegurar la precisión, concisión y claridad del texto. El texto debe ser un apoyo para la exposición oral, no un guion para leer.
   - Añadir o modificar elementos visuales: incorporar gráficos, tablas o imágenes relevantes (idealmente propios o de fuentes libres de derechos y debidamente atribuidas si es necesario). Eliminar imágenes genéricas o irrelevantes que la IA haya podido añadir.
   - Ajustar el texto para la oralidad: usar frases más cortas, puntos clave y lenguaje directo.
   - Verificar el flujo lógico entre diapositivas.
   - Cambiar el diseño si se desea, para alinearlo con el estilo personal o institucional.
   - (*PDF Cap5*, 13:24; final, donde se enfatiza la edición).
5. Obtener el enlace para compartir o, si la versión lo permite, exportar a PDF (útil como copia de seguridad o para compartir si no se puede presentar online). (*PDF Cap5*, 11:50, final).

— **Práctica guiada: crear una presentación**
1. Tome el resumen de 1000 palabras o los 10 puntos clave de su trabajo (generados en la sección 5.3.2).
2. Utilice Gamma.app o Prezi AI (o una herramienta similar de su elección) para generar una presentación inicial basada en ese texto.
3. Dedique al menos 1 o 2 horas a editar y personalizar la presentación generada.
   - Ajuste los textos de cada diapositiva para que sean concisos y sirvan de apoyo a una exposición oral (no para ser leídos).
   - Reemplace o añada imágenes o gráficos para que sean pertinentes y de alta calidad.
   - Mejore el diseño si es necesario (colores, fuentes y disposición).
   - Asegúrese de que el flujo lógico de la presentación sea claro y cubra los aspectos esenciales de su trabajo para una exposición de 10-15 minutos.
4. Reflexione: ¿qué tan útil fue el borrador inicial de la IA? ¿Cuánto trabajo de edición y personalización fue necesario? ¿Qué estrategias de diseño y comunicación aprendió o reforzó en este proceso?

5.3.4. Generación de resumen multimedia (opcional)

Para formatos alternativos de comunicación, o como herramienta de estudio personal, la IA también puede asistir en la creación de resúmenes multimedia.

— **Resumen en audio (podcast corto)**
  - Utilizar la función de generación de audio conversacional (voz masculina/femenina) de NotebookLM (*PDF Cap5*, 11:04) aplicada a un resumen escrito del trabajo (p. ej., el de 1000 palabras o una versión más breve).
  - Explorar otras herramientas de «texto a voz» (*Text-to-Speech*, TTS) que ofrezcan voces naturales en español. Muchas son gratuitas para usos limitados o tienen opciones de pago para mayor calidad y duración.
  - **Uso:** puede ser útil para que el estudiante se escuche a sí mismo (o una versión de su trabajo) para detectar problemas de fluidez o para repasar el contenido mientras realiza otras actividades. También podría compartirse en formatos de divulgación si la calidad es adecuada.
  - **Precaución:** verificar la calidad, naturalidad y correcta pronunciación del audio generado. A veces, la entonación de la IA puede ser monótona o incorrecta para un contexto académico.

— **Vídeo con avatares (para divulgación o formatos alternativos)**
  - Utilizar el audio generado previamente (ver punto anterior) e introducirlo en plataformas de vídeo con IA y avatares digitales (como Synthesia, HeyGen, D-ID o la herramienta «enen» mencionada en *PDF Cap5*, 11:04, cuya identidad exacta requeriría más contexto, pero se refiere a este tipo de plataformas).
  - Estas herramientas crean un vídeo donde un avatar digital (que puede ser elegido de una galería o a veces personalizado) «presenta» o «lee» el contenido del audio, sincronizando los movimientos labiales.
  - **Consideraciones:**
    - *Apropiado para el contexto.* Evaluar si este formato es adecuado para el contexto académico de una defensa formal (generalmente no lo es para la defensa en sí, pero podría serlo para un resumen complementario o divulgativo).
    - *Costes.* Muchas de estas herramientas son de pago o tienen limitaciones severas en sus versiones gratuitas.
    - *Calidad del resultado.* La naturalidad del avatar y la sincronización labial varían mucho entre herramientas y pueden resultar artificiales.
    - *Ética del avatar.* Reflexionar sobre el uso de representaciones humanas sintéticas.
  - **Uso potencial:** más útil para la divulgación científica, la creación de materiales educativos complementarios o para presentaciones en formatos donde no se requiere la presencia física del autor, pero se busca un elemento visual humanoide.

5.4. ESTRATEGIAS PARA LA PRESENTACIÓN ORAL DEL TRABAJO ACADÉMICO

La tecnología puede ayudar a crear los soportes visuales (diapositivas), pero la presentación oral y la defensa del trabajo siguen siendo una habilidad humana crucial que requiere preparación, práctica y buenas técnicas de comunicación.

— **Estructura y contenido de la exposición oral**
  • **Adaptar al tiempo asignado.** Las defensas de TFG o TFM suelen tener un tiempo limitado para la exposición (frecuentemente 10-15 minutos, a veces hasta 20). Es crucial adaptar el contenido a este tiempo. No intentar contarlo todo.
  • **Enfocarse en lo esencial.** La estructura típica de una exposición breve incluye:
    1. Introducción: breve presentación del tema, problema de investigación y objetivos principales (1 o 2 diapositivas).
    2. Metodología clave: resumen muy conciso del enfoque, diseño y métodos principales utilizados (1 diapositiva).
    3. Resultados principales: presentación de los 2 o 3 hallazgos más significativos y relevantes para los objetivos (2 o 3 diapositivas, usando gráficos o tablas simples, si ayudan).
    4. Discusión central: interpretación breve de los resultados clave, conexión con la teoría o literatura más importante y las implicaciones más relevantes (1 o 2 diapositivas).
    5. Conclusiones y contribución: resumen de las conclusiones principales, respuesta a los objetivos y declaración de la contribución del trabajo (1 diapositiva).
    6. Breve mención a limitaciones y futuras líneas (opcional y si el tiempo lo permite o se integra en conclusiones).
  • El objetivo es despertar el interés y demostrar el rigor del trabajo, no abrumar con detalles. Los detalles pueden surgir en la ronda de preguntas.
— **Ensayo y gestión del tiempo**
  • **Ensayar la presentación varias veces.** Idealmente, frente a un espejo, grabándose o con compañeros o amigos que puedan dar *feedback*.
  • **Cronometrarse.** Es fundamental para ajustar el contenido al tiempo asignado. Si la presentación es demasiado larga, hay que recortar contenido, no hablar más rápido.
  • **Practicar las transiciones** entre diapositivas y entre los puntos clave del discurso para asegurar fluidez.
  • **Conocer bien el material.** No memorizar palabra por palabra, sino internalizar los mensajes clave de cada diapositiva y el flujo general del argumento.

— **Preparación para la ronda de preguntas (anticipación)**
  - Repasar las respuestas a las preguntas de pensamiento crítico generadas con la asistencia de IA (sección 5.3.1). Esto ayuda a tener reflexiones previas sobre fortalezas, debilidades, alternativas, etc.
  - Anticipar otras posibles preguntas del tribunal.
    - Sobre la justificación de la elección del tema, el marco teórico o la metodología.
    - Sobre la validez o fiabilidad de los instrumentos o datos.
    - Sobre la interpretación de resultados específicos o inesperados.
    - Sobre las limitaciones del estudio y cómo podrían haberse abordado.
    - Sobre las implicaciones prácticas o teóricas de los hallazgos.
    - Sobre las futuras líneas de investigación propuestas.
  - Tener los datos y referencias clave a mano (mentalmente o en notas discretas si el formato lo permite) para poder responder con precisión si se pregunta por detalles específicos. No es necesario llevar todo el trabajo impreso, pero sí conocerlo a fondo.
— **Comunicación efectiva durante la presentación**
  - **Contacto visual.** Mantener contacto visual con los miembros del tribunal, distribuyendo la mirada.
  - **Voz y dicción.** Hablar con claridad, a un ritmo adecuado (ni muy rápido ni muy lento), con suficiente volumen y buena dicción. Modular el tono de voz para mantener el interés.
  - **Entusiasmo (moderado) y confianza.** Mostrar interés y convicción en el propio trabajo (sin arrogancia). Una actitud positiva y segura transmite credibilidad.
  - **Lenguaje corporal.** Utilizar un lenguaje corporal abierto y profesional (postura erguida y gestos naturales para enfatizar puntos). Evitar tics nerviosos o posturas cerradas.
  - **Gestión de los nervios.** Es normal sentir nervios. Respirar profundamente antes de empezar, tener un vaso de agua a mano y recordar que se conoce el trabajo mejor que nadie en la sala (excepto quizás el tutor). Enfocarse en comunicar las ideas claramente.
— **Uso de soportes visuales (diapositivas)**
  - Las diapositivas (creadas con o sin IA, pero siempre editadas y personalizadas por el estudiante) deben ser un apoyo visual, no un guion para leer.
  - **Contenido conciso.** Usar puntos clave, frases cortas, imágenes, gráficos y tablas simples y claras. Evitar párrafos largos de texto.
  - **Diseño limpio y profesional.** Utilizar un diseño consistente, fuentes legibles, colores que no dificulten la lectura y un buen contraste. Evitar el exceso de animaciones o elementos distractores.

- **Número adecuado de diapositivas.** Generalmente, una diapositiva por minuto o cada dos minutos de exposición es una buena guía, pero depende del contenido.
- **Asegurarse de que el diseño sea accesible** (p. ej., tamaño de fuente o contraste de color).

Dominar estas estrategias de presentación oral es tan importante como la calidad del trabajo escrito, ya que es la oportunidad de comunicar directamente el valor de la investigación.

5.5. ESTUDIO DE CASO: DE LA REVISIÓN FINAL A LA DEFENSA. UN EJEMPLO PRÁCTICO DETALLADO

Continuemos con el caso de David y su trabajo fin de máster sobre «la influencia de la cultura organizacional en la adopción de prácticas sostenibles por PyMEs del sector tecnológico», ilustrando cómo podría abordar las fases finales de elaboración y preparación para la defensa.

— **Aplicación de pasos de refinamiento final del texto escrito (sección 5.1)**
  Tras recibir comentarios de su tutor sobre el borrador integrado (capítulo 4), David dedica tiempo a:
  - **Verificar y ampliar fuentes.** Realiza una última búsqueda en Scopus y Google Scholar sobre «cultura organizacional y sostenibilidad en PyMEs tecnológicas» con filtro de los últimos 6 meses. Encuentra dos artículos muy recientes y relevantes que discuten el rol del liderazgo en mediar la relación entre cultura y sostenibilidad. Los integra cuidadosamente en su discusión y conclusiones, actualizando su bibliografía. Revisa todas las URLs y DOIs de su bibliografía usando un verificador de enlaces online y corrige un DOI incorrecto. Formatea meticulosamente todas las referencias según APA 7 usando Zotero y luego revisa visualmente la lista generada.
  - **Revisión texto y estructura.** Lee el trabajo completo buscando redundancias. Simplifica varias frases largas en la metodología y en la discusión del marco teórico. Fusiona dos subsecciones cortas en la discusión de resultados que trataban temas muy relacionados («barreras percibidas» y «facilitadores ausentes») en una única sección más coherente sobre «desafíos para la adopción de sostenibilidad».
  - **Coherencia interna.** Comprueba que los conceptos clave (p. ej., cultura innovadora, cultura orientada al aprendizaje, presión institucional y recursos tangibles e intangibles) se usen consistentemente a lo largo de todo el trabajo, desde el marco teórico hasta las conclusiones. Asegura que las conclusiones respondan directamente a los objetivos planteados en la introducción.

- **Profundización.** Siguiendo la sugerencia de su tutor, añade más citas textuales de las entrevistas en la sección de resultados para ilustrar de manera más vívida los diferentes tipos de cultura organizacional identificados en las PyMEs estudiadas. Refuerza la conexión entre sus hallazgos empíricos y la Teoría Institucional y la Teoría Basada en Recursos en la sección de discusión.

— **Proceso detallado de verificación de referencias (sección 5.2)**

David revisa manualmente cada una de las aproximadamente 60 citas en el texto. Para cada una:

1. Localiza el PDF original del artículo o el capítulo del libro.
2. Confirma que la afirmación parafraseada o la cita directa se encuentra allí y que la interpretación es correcta.
3. Verifica el número de página para las citas directas.
4. Luego, para cada entrada en su lista de referencias final (gestionada con Zotero), verifica la existencia y los detalles (autores, año, título completo, nombre de la revista o editorial, volumen, número, páginas y DOI) usando Google Scholar y las webs de las revistas o editoriales.
5. Descubre y corrige un error menor en el año de publicación de un artículo que Zotero había importado incorrectamente y que una sugerencia previa de IA (de una fase muy temprana de exploración) podría haber arrastrado. Se asegura de que todos los DOIs estén correctos y funcionales.

— **Uso de NotebookLM para síntesis de cara a la presentación (sección 5.3.2)**

1. Carga su trabajo académico finalizado y validado (el PDF de unas 80 páginas) a NotebookLM.
2. Ejecuta el *prompt* completo de 11 puntos (como se detalla en 5.3.2).
3. Guarda la nota resultante que contiene: un resumen de 1000 palabras, los 10 puntos clave más relevantes, el objetivo del estudio, un *abstract*, los aspectos centrales del problema, las preguntas de investigación, las técnicas de recolección (entrevistas y análisis documental), las técnicas de análisis (análisis temático), los hallazgos principales (p. ej., «Se identificaron tres perfiles culturales principales: cultura adaptativa e innovadora, cultura tradicional enfocada en la eficiencia, y cultura reactiva e informal. Las culturas adaptativas e innovadoras mostraron una mayor propensión a la adopción proactiva de prácticas de sostenibilidad, incluso con presiones institucionales moderadas...») y las conclusiones.

— **Creación de la presentación final usando Prezi AI (sección 5.3.3)**

1. David copia los 10 puntos clave generados por NotebookLM.
2. Entra en Prezi AI (usando su prueba gratuita), elige la opción de crear con IA y pega los 10 puntos clave como base para la estructura de la presentación.
3. La IA genera una presentación inicial de unas 10-12 diapositivas con un diseño dinámico y algunas imágenes genéricas.

4. David dedica aproximadamente una hora y media a editar y personalizar intensamente esta presentación:
    o Edita el texto de cada diapositiva para hacerlo mucho más conciso, usando frases cortas y lenguaje directo, adecuado para una presentación oral de 15 minutos. Se asegura de que el texto sea un apoyo, no un guion.
    o Añade un gráfico de barras simple (creado por él en Excel y exportado como imagen) en la diapositiva de resultados para resumir visualmente la relación entre tipo de cultura y nivel de adopción de sostenibilidad en sus 4 casos.
    o Reemplaza las imágenes genéricas de Prezi AI por iconos más sobrios y pertinentes o por esquemas conceptuales simples que él mismo diseña.
    o Asegura que las transiciones entre los «temas» de Prezi sean fluidas y lógicas.
    o Personaliza ligeramente el diseño (colores y fuentes) para que se ajuste a las plantillas recomendadas por su universidad para presentaciones de TFM.
    o Genera el enlace para compartir y también exporta una versión en PDF como copia de seguridad.
— **Preparación para preguntas usando *prompts* de pensamiento crítico (sección 5.3.1)**
    1. Con su trabajo final cargado en NotebookLM, David utiliza los *prompts* basados en las categorías «¿qué?», «¿cómo?» y «¿quién?» (*PDF Cap5*, 06:19-07:23).
        o «¿Cuáles son las principales fortalezas de esta investigación según el texto?»
        o «¿Qué limitaciones metodológicas se reconocen o podrían inferirse?»
        o «¿Hay posibles contraargumentos a la conclusión de que la cultura es el factor más determinante?»
    2. Analiza las respuestas que NotebookLM genera (basadas en su propio texto). Esto le ayuda a anticipar preguntas del tribunal, a identificar áreas donde su argumentación podría ser cuestionada, y a preparar respuestas sólidas y reflexivas sobre las limitaciones de su estudio y las futuras líneas de investigación. Por ejemplo, se da cuenta de que debe estar preparado para discutir por qué solo estudió 4 casos y cómo esto afecta la acción de generalizar.

David ahora se siente mucho más preparado, tanto con su texto final pulido y verificado, como con una presentación visual de apoyo y una estrategia para afrontar la defensa.

5.6. EJERCICIOS PRÁCTICOS Y DE REFLEXIÓN

Para consolidar los conceptos y habilidades abordados en este último capítulo, se proponen los siguientes ejercicios prácticos y preguntas de reflexión.

5.6.1. Ejercicio 1: verificación cruzada de referencias

— Seleccione 10 referencias aleatorias de la bibliografía de su borrador académico (o de un artículo académico de su campo que esté leyendo).
— Para cada una de estas 10 referencias:
  • Si la referencia es citada en el texto del borrador o artículo, verifique que la cita en el texto (autor, año) coincida exactamente con la entrada en la lista de referencias.
  • Compruebe la existencia real del documento (libro, artículo o capítulo) y la exactitud de todos sus datos bibliográficos (autores, año, título completo, nombre de la revista/editorial, volumen, número, páginas y DOI o URL) usando fuentes externas como Google Scholar, bases de datos académicas, catálogos de bibliotecas o webs de editoriales.
  • Si la referencia tiene un DOI o URL, verifique que esté activo y dirija al recurso correcto.
  • Si la referencia corresponde a una cita directa en el texto, intente localizarla en el documento original (si tiene acceso) y verifique su exactitud literal y el número de página (si aplica).
— Anote cualquier discrepancia, error o referencia «fantasma» que encuentre. Reflexione sobre la importancia de este proceso manual, incluso si se usan gestores bibliográficos.

5.6.2. Ejercicio 2: generación y evaluación de puntos clave con IA

— Cargue su borrador académico completo (o un capítulo extenso y bien desarrollado) en NotebookLM o una herramienta similar que permita analizar PDFs y generar síntesis.
— Utilice un *prompt* para solicitar los «10 puntos o mensajes más relevantes y clave» de su trabajo, pidiendo que se presenten en formato de puntos o viñetas concisos, con frases completas y que no requieran explicación adicional (ver ejemplo en sección 5.3.2).
— Evalúe críticamente la lista generada por la IA.
  • ¿Son realmente los puntos más importantes y representativos de su trabajo?
  • ¿Reflejan adecuadamente la contribución principal o los hallazgos más significativos?

- ¿Están formulados de manera clara, concisa y académicamente apropiada?
- ¿Serían útiles como base para estructurar una presentación oral de 10-15 minutos?
- ¿Hay algún punto clave que usted considera esencial y que la IA omitió? ¿Hay alguno que la IA incluyó que usted considera secundario?
— Edite la lista (añadiendo, eliminando o reformulando) hasta que esté satisfecho o satisfecha con ella y considere que realmente captura la esencia de su trabajo para una comunicación efectiva.

5.6.3. Ejercicio 3: creación de mapa conceptual con IA

— Utilice la función de mapa conceptual de NotebookLM (si está disponible y funciona correctamente con su documento) o explore otras herramientas de IA diseñadas para crear mapas mentales o conceptuales a partir de texto (busque «AI mind map generator from text» o «AI concept map generator from PDF»). Algunas herramientas de presentación con IA (como Gamma. app o Prezi AI) también pueden generar estructuras visuales que se asemejan a mapas.
— Genere un mapa conceptual de su trabajo académico completo o de un capítulo central y teóricamente denso (como el marco teórico).
— Evalúe el resultado.
  - ¿Representa la estructura lógica de su trabajo de manera clara y precisa?
  - ¿Son claras las relaciones y jerarquías entre los conceptos clave?
  - ¿Le ayuda a visualizar las conexiones principales de su argumento?
  - ¿Sería útil como herramienta de estudio personal para repasar el contenido o como una diapositiva de resumen general en una presentación?
  - ¿Qué limitaciones observa en el mapa generado por la IA? ¿Qué necesitaría editar o añadir manualmente para que fuera más efectivo?
— Si la herramienta lo permite, intente editar el mapa conceptual para mejorarlo según su propia comprensión del trabajo.

5.6.4. Preguntas de reflexión (enfoque Ambrose *et al.*, 2010)

— **Práctica y retroalimentación (principio 5)**
  - Al revisar y refinar su trabajo final (incorporando comentarios del tutor, verificando fuentes y puliendo el estilo), ¿cómo puede transformar esta tarea, a menudo vista como tediosa, en una oportunidad de práctica deliberada para mejorar sus habilidades de escritura, argumentación, atención al detalle y rigor académico?
  - ¿De qué manera la preparación para la defensa (anticipar preguntas, sintetizar el trabajo y crear soportes visuales) refuerza su dominio del tema y sus habilidades de comunicación? ¿Cómo puede buscar y utilizar la

retroalimentación (de compañeros, del tutor o incluso de la autoevaluación asistida por IA) en esta fase de preparación?

— **Metacognición (principio 7)**
- Al preparar la presentación oral, ¿qué estrategias utiliza para evaluar su propia comprensión de los aspectos más complejos de su trabajo y decidir cómo explicarlos de forma clara, concisa y convincente a una audiencia experta?
- ¿Cómo monitorea su nivel de preparación para la ronda de preguntas? ¿Qué le indica que está realmente preparado/a para defender sus elecciones metodológicas, sus interpretaciones y sus conclusiones?
- Al usar IA para generar síntesis o puntos clave, ¿cómo se asegura de que no está simplemente aceptando el resumen de la IA, sino que está verificando activamente su precisión y su alineación con su propio mensaje principal?

— **Motivación y autoeficacia (principios 3 y 4)**
- ¿Cómo influye en su motivación y en su sentido de autoeficacia (confianza en sus propias capacidades) el hecho de estar en la fase final del trabajo?
- Al utilizar herramientas de IA para facilitar la creación de la presentación o la preparación para la defensa, ¿siente que esto aumenta su confianza y le permite enfocarse en la comunicación de sus ideas, o le genera alguna dependencia o temor a no poder hacerlo sin la herramienta?
- ¿Cómo puede enfocarse en la satisfacción intrínseca de completar un trabajo riguroso y la oportunidad de comunicar su investigación, más allá de la evaluación final?

— **Aplicación del aprendizaje y transferencia (principio 4)**
- Más allá de la calificación final de este trabajo, ¿cómo puede reflexionar sobre todo el proceso de elaboración (desde la idea inicial hasta la defensa, incluyendo el uso ético y práctico de IA en diferentes fases) para extraer lecciones aprendidas que pueda aplicar en futuros proyectos académicos o profesionales (transferencia)?
- ¿Qué habilidades (de investigación, de escritura, de pensamiento crítico, digitales y de comunicación) siente que ha desarrollado o fortalecido a lo largo de este proceso y cómo podrían serle útiles en otros contextos?

5.7. RESUMEN DE LAS TAREAS CRÍTICAS

Este último capítulo ha guiado al lector a través de las fases finales del trabajo académico: la elaboración de la versión definitiva del texto escrito y la preparación para su presentación y defensa. Se ha puesto un fuerte énfasis en las tareas críticas de refinamiento que recaen sobre el estudiante una vez completado el borrador inicial, destacando las siguientes.

— La verificación exhaustiva y actualización de todas las fuentes y referencias, un paso crucial dada la posibilidad de errores o «alucinaciones» si se usó IA previamente en la exploración o redacción. Se han detallado estrategias para contrastar con fuentes originales y verificar la existencia y detalles de cada referencia.

— La revisión profunda del texto y la estructura para mejorar la claridad, concisión, precisión y la coherencia interna, asegurando un flujo lógico y evitando la fragmentación.

— La ampliación selectiva y la profundización específica donde sea necesario, especialmente en las secciones de resultados y discusión, para fortalecer los argumentos y la presentación de la evidencia.

— La importancia fundamental de incorporar la retroalimentación del tutor de manera reflexiva para alcanzar una versión final validada.

Posteriormente, el capítulo ha explorado cómo las herramientas de Inteligencia Artificial pueden asistir estratégicamente en la preparación de la presentación, una vez que el trabajo académico ya está finalizado y validado por el autor humano. Esto incluye:

— La autoevaluación del trabajo mediante *prompts* de pensamiento crítico (aplicados al texto final con herramientas como NotebookLM) para anticipar preguntas del tribunal y fortalecer la argumentación.

— La generación de síntesis del trabajo en diferentes formatos (resúmenes extensos, puntos clave, *abstracts*, etc.) para facilitar la creación de contenidos para las diapositivas y el discurso oral.

— El uso de diversas herramientas de IA (desde la función de mapa conceptual de NotebookLM, pasando por la generación de código VBA para PowerPoint con LLMs, hasta plataformas específicas como Gamma.app o Prezi AI) para crear soportes visuales, como mapas conceptuales o presentaciones de diapositivas de forma eficiente, siempre con la advertencia de que estos deben ser editados y personalizados exhaustivamente por el estudiante.

— De manera opcional, la creación de resúmenes multimedia (audio tipo podcast o vídeo con avatares), evaluando su pertinencia para el contexto.

Finalmente, se han ofrecido estrategias para la presentación oral efectiva, complementando el uso de los soportes visuales generados y enfatizando la preparación del discurso, el ensayo, la gestión del tiempo y la comunicación efectiva.

5.8. CONCLUSIONES: CULMINACIÓN DEL PROCESO Y MIRADA AL FUTURO

Llegar a la versión final del trabajo académico y prepararse para su presentación y defensa marca la culminación de un arduo pero gratificante proceso de investigación, aprendizaje y creación intelectual. Este libro ha buscado acompañar al estudiante en este viaje, integrando las potentes, aunque desafiantes, herramientas de Inteligencia Artificial de una manera ética, práctica y pedagógicamente informada, siempre con el objetivo de potenciar –no suplantar– el rol central del investigador humano.

5.8.1. El trabajo académico final como producto de un proceso riguroso

La versión definitiva de un TFG, TFM u otro trabajo académico no es solo el resultado de aplicar herramientas tecnológicas o de seguir una serie de pasos mecánicos. Es, fundamentalmente, la cristalización del esfuerzo intelectual, la curiosidad sostenida, el pensamiento crítico desarrollado y el rigor metodológico aplicado por el estudiante, siempre guiado y enriquecido por la retroalimentación de su tutor. La Inteligencia Artificial puede haber sido un asistente valioso en diversas etapas, desde la exploración inicial hasta la creación de soportes para la presentación, pero el mérito, la originalidad sustancial y la responsabilidad final del trabajo son, y deben seguir siendo, enteramente humanos.

5.8.2. La presentación como oportunidad

Más allá de ser una instancia de evaluación final, la presentación y defensa del trabajo académico es una oportunidad única y valiosa para:
— Comunicar la propia investigación de manera clara, concisa y convincente a una audiencia experta.
— Compartir los hallazgos, las reflexiones y la contribución al conocimiento.
— Demostrar las competencias investigadoras, analíticas y comunicativas adquiridas a lo largo de la formación.
— Dialogar con expertos en el campo, recibir nuevas perspectivas y defender argumentativamente las propias ideas y decisiones.

Prepararla adecuadamente, usando inteligentemente las herramientas disponibles (incluida la IA para aspectos específicos de la preparación), maximiza el aprovechamiento de esta oportunidad.

5.8.3. La IA como herramienta potente pero auxiliar

Como hemos visto a lo largo de los cinco capítulos de este manual, la Inteligencia Artificial ofrece posibilidades extraordinarias para asistir en casi todas las fases del trabajo académico, desde la planificación y la revisión bibliográfica hasta la redacción de borradores iniciales, la síntesis de información y la preparación de presentaciones. Sin embargo, su rol sigue siendo el de una herramienta potente pero auxiliar, un «colaborador controlado» (capítulo 4). Requiere:
— Supervisión constante por parte del usuario humano.

— Verificación rigurosa de cualquier información o contenido que genere.
— Un usuario crítico y éticamente consciente que mantenga el control intelectual del proceso y la responsabilidad sobre el producto final.
— Una comprensión clara de sus limitaciones y sus capacidades.

5.8.4. Reflexiones sobre las competencias adquiridas

El proceso de elaborar un trabajo académico en la era de la Inteligencia Artificial no solo desarrolla competencias de investigación tradicionales (manejo de fuentes, rigor metodológico, análisis de datos, argumentación y escritura académica), sino también, y de manera cada vez más crucial, nuevas habilidades digitales críticas.

— La capacidad de interactuar eficazmente con modelos de lenguaje y otras herramientas de IA (ingeniería de *prompts*, comprensión de sus lógicas).
— La habilidad de evaluar críticamente la información generada por máquinas, identificando errores, sesgos o «alucinaciones».
— La competencia para integrar tecnología de forma ética y productiva en flujos de trabajo académicos complejos.
— La destreza para navegar dilemas éticos emergentes relacionados con la autoría, la originalidad y el uso de IA en la producción de conocimiento.

Estas competencias son valiosas mucho más allá del propio trabajo académico; son habilidades esenciales para el aprendizaje continuo y el desempeño profesional en un mundo cada vez más mediado por la tecnología.

Esperamos que este libro haya proporcionado una guía útil, práctica y reflexiva para que estudiantes y tutores aborden la elaboración y presentación de trabajos académicos con confianza, rigor, integridad y responsabilidad en este nuevo y excitante contexto tecnológico. El futuro de la investigación será, sin duda, una colaboración cada vez más estrecha entre la inteligencia humana y la artificial, y prepararse para ello es fundamental.

5.9. GLOSARIO DE TÉRMINOS CLAVE (RELACIONADOS CON ELABORACIÓN FINAL Y PRESENTACIÓN)

— **Alucinación (IA):** fenómeno por el cual un modelo de Inteligencia Artificial genera información que es falsa, incorrecta, inventada o no fundamentada en los datos de entrenamiento (como referencias bibliográficas inexistentes o detalles fácticos erróneos), pero la presenta como si fuera veraz y factual.
— **Defensa (de trabajo académico):** acto académico formal en el cual el estudiante expone oralmente su trabajo de investigación (TFG, TFM o tesis) ante un tribunal evaluador y responde a sus preguntas, críticas y comentarios para obtener la calificación final.

- **Elaboración final (de trabajo académico):** fase del proceso posterior a la redacción del borrador integrado, centrada en la revisión profunda, la verificación exhaustiva de fuentes y datos, el refinamiento del estilo y la estructura, la incorporación de retroalimentación (especialmente del tutor) y el formateo final para producir la versión definitiva del trabajo lista para su entrega.
- **Gamma.app:** herramienta de IA online diseñada para crear presentaciones visualmente atractivas de forma rápida a partir de texto, *prompts* o documentos cargados, generando automáticamente una estructura y diseño iniciales.
- **Mapa conceptual (generado por IA):** representación visual de la estructura lógica, los conceptos clave y las relaciones entre ellos dentro de un texto extenso (como un trabajo académico), creada automáticamente o con asistencia de herramientas de IA como NotebookLM.
- **NotebookLM (en el contexto de presentación):** herramienta de Google que, además de analizar documentos, puede generar síntesis del trabajo (resúmenes y puntos clave), mapas conceptuales y resúmenes en audio, útiles para la preparación de la presentación.
- **Presentación asistida por IA:** proceso de creación de soportes visuales para una presentación oral (p. ej., diapositivas y mapas conceptuales) utilizando herramientas de Inteligencia Artificial que pueden generar la estructura, el diseño o el contenido inicial a partir de texto, *prompts* o el trabajo académico completo.
- **Prezi AI:** funcionalidad de la plataforma Prezi que utiliza Inteligencia Artificial para generar presentaciones dinámicas y no lineales (con el característico efecto de *zoom* y movimiento de Prezi) a partir de un título, un resumen de texto o *prompts* detallados.
- ***Prompt* de pensamiento crítico:** instrucción específica dada a una herramienta de IA (que tiene acceso al texto del trabajo académico) para que analice dicho texto desde perspectivas críticas (identificando fortalezas, debilidades, supuestos no explícitos, posibles contraargumentos, implicaciones, etc.) con el fin de ayudar al autor a autoevaluar su trabajo y anticipar preguntas.
- **Resumen en audio (generado por IA):** síntesis de un texto (como un trabajo académico) leída por voces sintéticas en formato de audio (p. ej., como una conversación simulada o un podcast breve), generada por herramientas de IA con capacidades de texto a voz, como NotebookLM.
- **Tribunal evaluador (o comité de evaluación):** comité de profesores, académicos o expertos encargado de evaluar el trabajo académico escrito y la defensa oral del mismo, así como de otorgar la calificación final.
- **VBA (Visual Basic for Applications):** lenguaje de programación de macros utilizado para automatizar tareas y ampliar la funcionalidad en aplicaciones

de Microsoft Office, como PowerPoint. Se puede usar IA para generar código VBA que estructure presentaciones.

— **Verificación bibliográfica (exhaustiva):** proceso manual y riguroso de comprobar la existencia real, la exactitud de los datos bibliográficos (autores, título, año, fuente, DOI, etc.) y la correcta citación y formateo de todas las fuentes y referencias incluidas en un trabajo académico.

— **Versión definitiva (de trabajo académico):** el trabajo académico finalizado, revisado exhaustivamente, corregido, formateado según las normas y validado (idealmente por el tutor), listo para ser entregado y defendido.

5.10. SUGERENCIAS DE LECTURAS COMPLEMENTARIAS

Para profundizar en la preparación de la presentación y defensa, así como en los aspectos finales de la elaboración del trabajo.

— **Sobre presentaciones académicas (oral y visual)**
   • Alley, M. (2013). *The Craft of Scientific Presentations: Critical Steps to Succeed and Critical Errors to Avoid* (2nd ed.). Nueva York: Springer. (Enfocado en presentaciones científicas, pero con principios de claridad, estructura y diseño visual ampliamente aplicables a cualquier presentación académica).
   • Duarte, N. (2008). *Slide:ology: The Art and Science of Creating Great Presentations*. Sebastopol, California: O'Reilly Media. (Centrado en el diseño visual efectivo de diapositivas, cómo comunicar ideas complejas de forma visual y evitar el «death by PowerPoint»).
   • Gallo, C. (2014). *Talk Like TED: The 9 Public-Speaking Secrets of the World's Top Minds*. Nueva York: St. Martin's Griffin. (Analiza las técnicas de los presentadores de TED para comunicar ideas de forma memorable y persuasiva).
   • Reynolds, G. (2012). *Presentation Zen: Simple Ideas on Presentation Design and Delivery. Second editon*. Berkeley, California: New Riders. (Promueve un enfoque minimalista y centrado en el mensaje para el diseño de presentaciones).

— **Sobre gestión de la ansiedad al hablar en público**
   • Buscar recursos de centros de escritura universitarios, servicios de apoyo estudiantil o departamentos de psicología o comunicación sobre cómo manejar la ansiedad escénica y mejorar la confianza al hablar en público. Muchas universidades ofrecen talleres o asesoramiento.
   • Motley, M. T. (2008). ভাষণ উদ্বেগ কমানো *[Reducing Speech Anxiety]*. Clifton Park, Nueva York: Cengage Learning. (Aunque el título está en bengalí, el autor es un referente en el estudio de la ansiedad comunicativa, y sus trabajos en inglés, como *Overcoming Your Fear of Public Speaking*, son útiles).

- Practicar técnicas de relajación, visualización positiva y, sobre todo, ensayar la presentación múltiples veces son estrategias efectivas.

— **Sobre formato y estilo final (guías de estilo)**

- American Psychological Association. (2019). *Publication Manual of the American Psychological Association*. Washington, Distrito de Columbia: American Psychological Association. (La guía definitiva para el estilo APA, ampliamente utilizado en ciencias sociales y otras disciplinas).
- Consultar la guía de estilo específica de la universidad o programa para requisitos de formato final del trabajo (márgenes, tipo y tamaño de fuente, estructura de la portada, paginación, formato de la lista de referencias si difiere del estándar, etc.). Muchas instituciones tienen sus propias plantillas o directrices detalladas.
- Si se utiliza otro estilo de citación (MLA, Chicago, Vancouver, IEEE, etc.), consultar el manual oficial correspondiente.

— **Sobre el proceso de defensa de TFG, TFM o tesis**

- Buscar guías o consejos específicos de la propia universidad o departamento sobre cómo prepararse para la defensa, qué esperar del tribunal y cómo responder a las preguntas.
- Hablar con estudiantes que ya hayan pasado por el proceso o con el tutor, para obtener consejos prácticos.

5.11. BIBLIOGRAFÍA

Ambrose, S. A., Bridges, M. W., DiPietro, M., Lovett, M. C., & Norman, M. K. (2010). *How learning works: Seven research-based principles for smart teaching*. San Francisco, California: Jossey-Bass.

Barbadilla, D. (4 de abril de 2025). *CAPÍTULO 5. Presentación TFM* [Video]. YouTube. https://youtu.be/vrW5vussoeQ?si=P9G2kfPySnn0fG49

RESUMEN DEL CAPÍTULO 5

El capítulo 5 marca la culminación del proceso de elaboración del trabajo académico, guiando al estudiante desde el borrador integrado hasta la versión definitiva y su posterior presentación y defensa. Reconociendo el camino recorrido en los capítulos anteriores —estableciendo fundamentos éticos, explorando herramientas IA adecuadas y los principios pedagógicos de su uso (Ambrose *et al.*, 2010), construyendo el marco teórico y ensamblando el borrador inicial—, este capítulo se centra en el refinamiento crítico del trabajo y en la preparación estratégica para su comunicación final.

La primera fase abordada es la elaboración final del texto escrito. Se subraya que este es un proceso que recae fundamentalmente en la responsabilidad intelectual y el esfuerzo meticuloso del estudiante, más allá de la asistencia que la

IA pudo haber proporcionado en etapas previas. El texto final debe ser proporcionado y validado por el estudiante, no por el modelo de lenguaje. Las tareas críticas en esta fase incluyen, en primer lugar, una verificación y actualización exhaustiva de las fuentes. Esto implica revisar la funcionalidad de todos los enlaces URL y DOI, asegurar la correcta y consistente referenciación bibliográfica según las normas (p. ej., APA 7) y realizar una última búsqueda para incorporar publicaciones muy recientes o autores clave omitidos, demostrando así actualidad y exhaustividad.

En segundo lugar, se enfatiza la revisión profunda del texto y la estructura. Se insta a eliminar redundancias y verbosidad, simplificar frases largas o complejas para mejorar la claridad y concisión, y utilizar estratégicamente elementos como viñetas o listas para facilitar la lectura y la armonización de la información. La coherencia interna es otro pilar fundamental; se debe leer el trabajo completo buscando la conexión lógica entre secciones, la consistencia terminológica y un flujo argumental sin fisuras. Si es necesario, se deben fusionar secciones para evitar una fragmentación excesiva que perjudique la cohesión.

En tercer lugar, se aborda la ampliación y profundización específica donde sea necesario. Esto puede implicar incluir más estudios empíricos, integrar nuevas referencias de forma significativa, o detallar más los hallazgos, especialmente en estudios cualitativos, mediante citas textuales representativas. Se presta especial atención a la redacción final de las secciones de resultados y discusión, asegurando su claridad, concisión y poder convincente. Finalmente, se recalca la importancia crucial de incorporar la retroalimentación del tutor, analizando sus comentarios y realizando los ajustes necesarios para alcanzar una versión definitiva consensuada y validada.

Un apartado específico se dedica a la verificación crítica final de referencias y citas, abordando frontalmente el persistente desafío de las «alucinaciones» de la IA (generación de referencias o citas incorrectas o inexistentes). Se advierte, basándose en estudios y opiniones expertas, que los modelos de lenguaje a menudo fallan en esta tarea. Por ello, se establece como indispensable la verificación manual y exhaustiva de cada cita y referencia en el trabajo final, contrastándolas con las fuentes originales y comprobando su existencia real. La responsabilidad última sobre la veracidad de la información recae enteramente en el estudiante.

La segunda gran fase del capítulo se centra en la preparación para la presentación del trabajo académico, donde la IA puede volver a ser una herramienta útil, pero aplicada sobre el trabajo ya finalizado. Una estrategia clave es la autoevaluación mediante *prompts* de pensamiento crítico. Utilizando herramientas como NotebookLM (cargando el trabajo final), el estudiante puede plantear preguntas críticas (basadas en el porqué, dónde, cuándo, qué, cómo y quién de la investigación) para que la IA responda desde el propio contenido del trabajo.

Este ejercicio ayuda a anticipar preguntas del tribunal, identificar puntos débiles y fortalecer la argumentación para la defensa.

Otra aplicación relevante de la IA es la generación de síntesis y contenidos clave para la presentación. Se detalla un *prompt* específico de 11 puntos que se puede ejecutar en NotebookLM para obtener automáticamente un resumen extenso, los 10 puntos más relevantes, el objetivo del estudio, un resumen del *abstract*, los aspectos centrales del problema, etc. Estas síntesis sirven como material base excelente para construir las diapositivas y el discurso.

El capítulo explora también la creación de soportes visuales asistida por IA. Se presentan tres opciones principales: generar un mapa conceptual interactivo con NotebookLM; utilizar LLMs avanzados para generar código VBA que estructure una presentación básica en PowerPoint; o emplear herramientas específicas de IA para presentaciones, como Gamma.app o Prezi AI. Estas últimas permiten crear presentaciones visualmente atractivas pegando texto y dejando que la IA genere una estructura y diseño iniciales, que luego deben ser editados y personalizados exhaustivamente por el estudiante para asegurar la precisión y adecuación. Opcionalmente, se menciona la posibilidad de generar resúmenes multimedia (audio tipo podcast o vídeo con avatares), evaluando su pertinencia.

Finalmente, el capítulo ofrece estrategias para la presentación oral, recordando que la habilidad comunicativa es fundamental. Se aconseja estructurar la presentación adaptándose al tiempo asignado, ensayar repetidamente, prepararse para la ronda de preguntas (utilizando la autoevaluación previa), cuidar la comunicación verbal y no verbal, y usar los soportes visuales como apoyo, no como guion.

Un estudio de caso (David) ilustra cómo un estudiante aplicaría todos estos pasos finales, desde el refinamiento y la verificación del texto hasta la creación de la presentación con Prezi AI y la preparación para la defensa. Se incluyen ejercicios prácticos para que el lector aplique las técnicas (verificación de referencias, generación de puntos clave, creación de mapas conceptuales) y preguntas de reflexión conectadas a principios pedagógicos (práctica deliberada, metacognición, motivación, transferencia del aprendizaje).

En conclusión, el capítulo 5 cierra el ciclo del trabajo académico enfatizando que la versión final es producto de un proceso riguroso donde la responsabilidad intelectual humana es primordial, aunque la IA pueda asistir en fases específicas. La preparación para la presentación, potenciada por herramientas IA, es una oportunidad para consolidar la comprensión y comunicar eficazmente la investigación. Se concluye reflexionando sobre las competencias adquiridas (investigadoras y digitales críticas) y la importancia de abordar este proceso final con rigor, ética y una mentalidad de aprendizaje continuo.

10 PUNTOS MÁS IMPORTANTES DEL CAPÍTULO 5

1. **Responsabilidad final del estudiante en la elaboración:** la elaboración final del trabajo académico, incluyendo la verificación de datos y la coherencia, es responsabilidad exclusiva del estudiante, independientemente de la asistencia previa de IA. El texto final debe ser proporcionado y validado por el autor humano.

2. **Verificación exhaustiva de fuentes y citas:** es crucial verificar manualmente todas las URLs, citas (parentéticas y narrativas) y referencias bibliográficas debido al riesgo persistente de «alucinaciones» o errores generados por IA. Contrastar con fuentes originales y comprobar existencia.

3. **Refinamiento críticoposterior al borrador:** la fase final implica tareas manuales críticas del estudiante como eliminar redundancias, mejorar la claridad y concisión, asegurar la coherencia interna global y ampliar o profundizar donde sea necesario (especialmente en resultados y discusión).

4. **Incorporación indispensable de *feedback* del tutor:** la retroalimentación del tutor sobre el borrador es esencial para alcanzar la versión definitiva; debe ser analizada cuidadosamente e implementada de forma reflexiva por el estudiante.

5. **Autoevaluación asistida por IA (pensamiento crítico):** utilizar herramientas como NotebookLM (con el trabajo final cargado) y *prompts* de pensamiento crítico (basados en preguntas como por qué, dónde, cuándo, qué, cómo y quién) para anticipar preguntas del tribunal y evaluar la solidez del propio trabajo.

6. **Síntesis de contenido asistida por IA para la presentación:** emplear herramientas como NotebookLM para generar automáticamente resúmenes del trabajo finalizado (p. ej., resumen extenso de 1000 palabras, los 10 puntos clave, *abstract*, etc.) que servirán de base para crear el contenido de las diapositivas y el discurso.

7. **Creación de soportes visuales con IA (con edición humana):** explorar herramientas como la función de mapa conceptual de NotebookLM, LLMs para generar código VBA para PowerPoint o plataformas específicas como Gamma.app y Prezi AI para generar rápidamente la estructura y diseño inicial de la presentación.

8. **Edición y personalización exhaustiva de soportes visuales:** es indispensable que el estudiante edite, refine y personalice cualquier presentación o soporte visual generado por IA para asegurar la precisión del contenido, la claridad para la exposición oral, la pertinencia de los elementos visuales y un diseño profesional adecuado.

9. **Preparación estratégica para la defensa oral:** más allá de los soportes visuales, la preparación incluye estructurar el discurso adaptado al tiempo, ensayar repetidamente, gestionar el tiempo y anticipar preguntas (ayudado por la autoevaluación con IA), enfocándose en una comunicación efectiva.

10. **La IA como herramienta auxiliar en fases finales (control humano):** si bien la IA puede ser muy útil para la preparación de la presentación (síntesis y visualización), su rol en la elaboración final del contenido escrito es mínimo y debe limitarse a tareas muy controladas (p. ej., pulido de estilo). La primacía del juicio, la responsabilidad y la autoría del estudiante son absolutas.

10 PREGUNTAS TIPO TEST SOBRE EL CAPÍTULO 5

1. Según el Capítulo 5, ¿cuál es la tarea más crítica respecto a las fuentes y citas en la fase de elaboración final del trabajo académico, especialmente si se usó IA previamente?
   a) Añadir tantas referencias nuevas como sea posible para demostrar una amplia lectura.
   b) Verificar manualmente la exactitud, existencia y correcta atribución de todas las citas y referencias, contrastándolas con las fuentes originales.
   c) Formatear automáticamente todas las referencias usando una herramienta IA para asegurar la consistencia del estilo.

2. ¿Qué herramienta específica se menciona en el capítulo para realizar una autoevaluación del trabajo académico finalizado mediante *prompts* de pensamiento crítico (basados en el porqué, dónde, cuándo, etc.)?
   a) Grammarly, para identificar errores de argumentación.
   b) Prezi AI, para visualizar las debilidades del trabajo.
   c) NotebookLM (cargando el trabajo como fuente), para responder a estas preguntas basándose en el contenido del propio documento.

3. ¿Cuál de las siguientes no es una opción mencionada en el capítulo para crear soportes visuales para la presentación con asistencia de IA?
   a) Generar un mapa conceptual interactivo del trabajo con NotebookLM.
   b) Usar Gamma.app o Prezi AI para generar una presentación a partir de un resumen o puntos clave.
   c) Analizar automáticamente la calidad visual de diapositivas creadas manualmente por el estudiante y proponer mejoras de diseño sin intervención humana.

4. Al utilizar herramientas como Gamma.app o Prezi AI para generar una presentación, ¿cuál es el paso crucial que debe realizar el estudiante después de la generación inicial por la IA?

   a) Aceptar la presentación tal cual, para ahorrar tiempo, confiando en la optimización de la IA.

   b) Editar y personalizar exhaustivamente el contenido de cada diapositiva, ajustar el texto para la oralidad, añadir o modificar elementos visuales y verificar el flujo lógico.

   c) Generar inmediatamente un resumen en audio a partir de la presentación creada por la IA para practicar la exposición.

5. El fenómeno por el cual la IA inventa referencias, citas o detalles fácticos se denomina:

   a) *Prompt* de pensamiento crítico avanzado.

   b) Alucinación (IA).

   c) Isomorfismo normativo en la IA.

6. ¿Para qué tarea específica se desaconseja enfáticamente depender de la IA en la sección de resultados, incluso en su fase final?

   a) Generar descripciones textuales iniciales de tablas o gráficos si se proporcionan los datos exactos.

   b) Estructurar la presentación de temas cualitativos que el estudiante ya ha identificado y para los cuales ha seleccionado citas.

   c) Generar, analizar o modificar los datos primarios de la investigación, o inventar resultados.

7. ¿Cuál es el rol principal de la IA en la sección de discusión, según las recomendaciones del capítulo, en la fase de elaboración final?

   a) Interpretar los resultados y escribir la argumentación principal, ya que la IA puede ser más objetiva.

   b) Sugerir posibles conexiones con la literatura o ayudar a estructurar comparaciones (siempre con validación y desarrollo por el estudiante), pero la interpretación y argumentación son del estudiante.

   c) Validar automáticamente la solidez de las conclusiones del estudiante y generar contraargumentos irrefutables.

8. ¿Qué importancia se le da a la retroalimentación del tutor en la fase de elaboración final del trabajo académico?

   a) Es opcional, especialmente si el estudiante se siente muy seguro con su borrador y ha usado herramientas de IA para revisarlo.

   b) Es fundamental e ineludible; debe ser analizada cuidadosamente e incorporada de forma reflexiva para alcanzar la versión definitiva y validada del trabajo.

   c) Debe ser ignorada si contradice las sugerencias de las herramientas de IA más avanzadas, ya que estas tienen acceso a más información.

9. El capítulo menciona la posibilidad de generar un resumen del trabajo académico en formato de audio usando IA. ¿Qué característica tiene este audio según la descripción?
   a) Es una grabación de la voz del propio estudiante leyendo un resumen optimizado por IA.
   b) Es una conversación simulada entre dos o más personas (p. ej., voces sintéticas masculina y femenina) discutiendo los puntos clave, generada por herramientas como NotebookLM.
   c) Es principalmente música de fondo generada por IA para acompañar la lectura silenciosa del resumen escrito.

10. ¿Cuál es la conclusión principal del capítulo sobre el rol de la IA en la fase final de elaboración del texto escrito y de preparación para la presentación del trabajo académico?
   a) La IA puede reemplazar completamente al estudiante en la creación de la presentación final y en la redacción de las conclusiones si se le entrena adecuadamente con el borrador.
   b) La IA es una herramienta auxiliar potente para tareas específicas de preparación (síntesis y visualización) y un apoyo muy limitado y controlado para el texto final, pero la responsabilidad intelectual, la verificación y la autoría del trabajo definitivo y de la defensa son enteramente humanas.
   c) El uso de IA en esta fase final es demasiado arriesgado y debería evitarse por completo para no comprometer la originalidad ni la evaluación.

RESOLUCIÓN DE LAS PREGUNTAS TIPO TEST

1. b) Verificar manualmente la exactitud, existencia y correcta atribución de todas las citas y referencias, contrastándolas con las fuentes originales.
2. c) NotebookLM (cargando el trabajo como fuente), para responder a estas preguntas basándose en el contenido del propio documento.
3. c) Analizar automáticamente la calidad visual de diapositivas creadas manualmente por el estudiante y proponer mejoras de diseño sin intervención humana.
4. b) Editar y personalizar exhaustivamente el contenido de cada diapositiva, ajustar el texto para la oralidad, añadir o modificar elementos visuales y verificar el flujo lógico.
5. b) Alucinación (IA).
6. c) Generar, analizar o modificar los datos primarios de la investigación, o inventar resultados.

7. b) Sugerir posibles conexiones con la literatura o ayudar a estructurar comparaciones (siempre con validación y desarrollo por el estudiante), pero la interpretación y argumentación son del estudiante.

8. b) Es fundamental e ineludible; debe ser analizada cuidadosamente e incorporada de forma reflexiva para alcanzar la versión definitiva y validada del trabajo.

9. b) Es una conversación simulada entre dos o más personas (p. ej., voces sintéticas masculina y femenina) discutiendo los puntos clave, generada por herramientas como NotebookLM.

10. b) La IA es una herramienta auxiliar potente para tareas específicas de preparación (síntesis y visualización) y un apoyo muy limitado y controlado para el texto final, pero la responsabilidad intelectual, la verificación y la autoría del trabajo definitivo y de la defensa son enteramente humanas.

BIBLIOGRAFÍA

Alley, M. (2013). *The Craft of Scientific Presentations: Critical Steps to Succeed and Critical Errors to Avoid* (2nd ed.). Nueva York: Springer.

Ambrose, S. A., Bridges, M. W., DiPietro, M., Lovett, M. C., & Norman, M. K. (2010). *How learning works: Seven research-based principles for smart teaching*. San Francisco, California: Jossey-Bass.

American Psychological Association (2020). *Publication Manual of the American Psychological Association (7th ed.)*. Washington, Distrito de Columbia: American Psychological Association.

Barbadilla, D. (2025). *Resumen del video: TFM Master Relaciones Laborales* [Archivo PDF]. https://drive.google.com/file/d/1bVmVkPxo-5jqOBTd-gvc4xF8rvWNuIC1m/view?usp=sharing (Basado en el video: https://www.youtube.com/watch?v=Nr68Og_NGA0). Barbadilla, D. (4 de abril de 2025). *CAPÍTULO 5. Presentación TFM* [Video]. YouTube. https://youtu.be/vrW5vussoeQ?si=P9G2kfPySnnOfG49

Belcher, W. L. (2019). *Writing Your Journal Article in Twelve Weeks: A Guide to Academic Publishing Success* (2nd ed.). Thousand Oaks, California: SAGE Publications.

Booth, W. C., Colomb, G. G., & Williams, J. M. (2016). *The Craft of Research*. Chicago, Illinois: University of Chicago Press.

Braun, V., & Clarke, V. (2006). Using thematic analysis in psychology. *Qualitative Research in Psychology*, *3*(2), 77-101. https://doi.org/10.1191/1478088706qp063oa

Creswell, J. W., & Creswell, J. D. (2018). *Research Design: Qualitative, Quantitative, and Mixed Methods Approaches*. Thousand Oaks, Callifornia: Sage Publications.

DiMaggio, P. J., & Powell, W. W. (1983). The iron cage revisited: Institutional isomorphism and collective rationality in organizational fields. *American Sociological Review, 48*(2), 147-160. https://doi.org/10.2307/2095101

Duarte, N. (2008). *Slide:ology: The Art and Science of Creating Great Presentations*. Sebastopol, California: O'Reilly Media.

Dunleavy, P. (2003). *Authoring a PhD: How to Plan, Draft, Write and Finish a Doctoral Thesis or Dissertation*. Nueva York: Palgrave Macmillan.

Gallo, C. (2014). *Talk Like TED: The 9 Public-Speaking Secrets of the World's Top Minds*. Nueva York: St. Martin's Griffin.

Google (2024). *Gemini 2.5 Pro Experimental 03-25* [Large language model]. https://deepmind.google/technologies/gemini/

Graff, G., & Birkenstein, C. (2021). *They Say / I Say: The Moves That Matter in Academic Writing*. Nueva York: W. W. Norton & Company.

Hattie, J. (2012). *Visible learning for teachers: Maximizing impact on learning*. Londres: Routledge.

Huston, T. (2009). *Teaching what you don't know*. Cambridge, Massachusetts: Harvard University Press.

Lugo Sánchez, L. J. (2023). *Guía para Uso Ético de la Inteligencia Artificial: Una Propuesta para la Investigación y Educación*. [Archivo PDF]. https://drive.google.com/file/d/1TDgE1akMc-dZdLy5M3_-bPIaCQ992TGh/view?usp=sharing

Mollick, E. R. (2024). *Co-Intelligence: Living and Working with AI*. Portfolio/Penguin.

Murray, R. (2017). *How to Write a Thesis*. Londres: Open University Press.

Pinker, S. (2014). *The Sense of Style: The Thinking Person's Guide to Writing in the 21st Century*. Nueva York: Penguin Books.

Ravitch, S. M., & Riggan, M. (2016). *Reason & Rigor: How Conceptual Frameworks Guide Research*. Thousand Oaks, California: Sage Publications.

Reynolds, G. (2012). *Presentation Zen: Simple Ideas on Presentation Design and Delivery* (second edition). Berkeley, California: New Riders.

Schein, E. H. (2010). *Organizational culture and leadership* (Vol. 2, 4th ed.). San Francisco, California: John Wiley & Sons.

Silvia, P. J. (2019). *How to Write a Lot: A Practical Guide to Productive Academic Writing* (2nd ed.). Washington, Distrito de Columbia: American Psychological Association.

Swales, J. M., & Feak, C. B. (2012). *Academic Writing for Graduate Students: Essential Tasks and Skills*. Ann Arbor, Michigan: University of Michigan Press.

UNESCO (2022). *Recomendación sobre la ética de la inteligencia artificial*. https://unesdoc.unesco.org/ark:/48223/pf0000381137_spa

Williams, J. M., & Bizup, J. (2021). *Style: The basics of clarity and grace* (12th ed.). Nueva York: Pearson.

ANEXO 1.
EVALUACIÓN

EVALUACIÓN DE LOS TFG Y LOS TFM EN LA ERA DE LA INTELIGENCIA ARTIFICIAL: REPENSAR QUÉ Y CÓMO EVALUAMOS

Introducción

El advenimiento de las herramientas basadas en inteligencia artificial (IA) ha generado una transformación silenciosa pero profunda en las prácticas educativas contemporáneas. Esta revolución tecnológica plantea desafíos inéditos para la docencia, particularmente en lo que concierne a los procesos de evaluación. Ante la creciente integración de sistemas como ChatGPT en actividades académicas, se impone la necesidad de revisar críticamente las metodologías de evaluación vigentes, poniendo en el centro de atención competencias que siguen siendo distintivas de la cognición humana.

Evaluar más allá de la forma: enfoque en el pensamiento crítico

Uno de los principales desafíos consiste en desplazar el foco evaluativo desde la corrección formal hacia capacidades cognitivas superiores como el pensamiento crítico, la creatividad y la interpretación profunda. La IA puede producir textos bien estructurados, pero no necesariamente genuinos en términos de comprensión o reflexión. Evaluar críticamente implica valorar la capacidad del estudiante para analizar, cuestionar, argumentar y reformular ideas a partir de insumos generados con o sin apoyo algorítmico.

Distinguir el rol de la IA del aporte humano

Es imprescindible establecer una distinción clara entre lo que ha sido producido por herramientas automatizadas y lo que constituye un aporte original del estudiante. Este discernimiento puede realizarse mediante el análisis del proceso de trabajo, la inclusión de comentarios reflexivos y la explicitación del uso de IA, especificando herramientas utilizadas, tipos de tareas delegadas y ejemplos de *prompts* empleados. Esta transparencia contribuye no solo a una evaluación más justa, sino también a una pedagogía de la ética digital.

La transparencia como principio ético

Se propone institucionalizar la declaración del uso de IA en las producciones estudiantiles. Esta práctica fomenta la honestidad académica, permite una mejor comprensión del proceso de elaboración de los trabajos y fortalece el aprendizaje ético en contextos de alta tecnologización.

Limitaciones de los detectores de IA y enfoque procesual

El uso de software para detectar contenidos generados por IA se presenta como una estrategia de escasa fiabilidad, que puede derivar en juicios erróneos y sanciones injustas. Se propone, en cambio, adoptar un enfoque centrado en el seguimiento del proceso cognitivo del estudiante, lo cual requiere una evaluación formativa basada en borradores sucesivos, justificaciones de decisiones tomadas y análisis de la evolución del pensamiento.

Rúbricas basadas en pensamiento crítico

El diseño de rúbricas centradas en competencias cognitivas permite implementar el pensamiento crítico como criterio evaluativo. Entre los indicadores sugeridos se incluyen: capacidad de análisis sin prejuicio, claridad argumentativa, uso pertinente de evidencias, contraste de perspectivas, reflexividad y declaración del uso de IA. Estas dimensiones deben valorarse mediante instrumentos estructurados que promuevan el desarrollo metacognitivo.

Evaluación de la creatividad con sentido pedagógico

La creatividad, entendida como la capacidad de generar ideas originales con intención y relevancia contextual, se revela como otra competencia esencial en la era digital. Evaluarla implica reconocer procesos de exploración, toma de riesgos, trabajo colaborativo y conexión emocional con el proyecto. Las preguntas orientadoras deben invitar a imaginar, transformar y experimentar, superando la lógica del «producto final» para centrarse en la trayectoria creativa.

La dimensión socioemocional: cuidado y curiosidad como objetos de evaluación

Finalmente, se plantea la inclusión de dimensiones tradicionalmente excluidas de la evaluación académica: el autocuidado y la curiosidad sostenida. Estas capacidades son clave para un aprendizaje autónomo, significativo y éticamente orientado. Evaluarlas requiere instrumentos cualitativos –como diarios reflexivos, entrevistas o autoevaluaciones– que permitan capturar la relación subjetiva del estudiante con su proceso de aprendizaje y con la tecnología que lo media.

Conclusión

Las ideas clave son:
— La evaluación debe centrarse en el pensamiento crítico, la creatividad (valor añadido) y la curiosidad o experimentación del estudiante, no en la generación de texto que la IA hace mejor.
— Es fundamental distinguir entre el uso de IA como herramienta y como fin. El objetivo es evaluar el trabajo del estudiante, no la capacidad de la IA para generar borradores o marcos teóricos.
— Existe una necesidad clara de normativas institucionales que aborden el uso de IA, incluyendo la obligatoriedad de declarar su uso (en citas, bibliografía y anexos con *prompts*) para mantener la transparencia y la integridad.
— La ineficacia de los detectores de plagio por IA refuerza la importancia de evaluar el proceso y las habilidades humanas subyacentes, no solo el producto final.

Repensar la evaluación en contextos mediados por IA exige una transformación epistemológica y ética. Ya no es suficiente valorar lo observable o lo formalmente correcto; se impone la necesidad de diseñar dispositivos evaluativos que reconozcan lo procesual, lo reflexivo, lo creativo y lo humano. La IA ha llegado para quedarse, pero es precisamente en la evaluación donde podemos preservar y potenciar aquello que nos hace insustituibles como sujetos cognoscentes y éticos.

PLANTILLA DE EVALUACIÓN

PLANTILLA DE RÚBRICA INTEGRADA: LAS TRES C DEL APRENDIZAJE CON IA
PENSAMIENTO CRÍTICO, CREATIVIDAD Y CUIDARSE O CURIOSIDAD

Nombre del proyecto:	
Curso / Asignatura:	
Fecha:	
Integrantes del grupo:	

DIMENSIÓN 1: PENSAMIENTO CRÍTICO

Criterio	Descripción	Puntuación (1 a 5)	Observaciones
Observación sin prejuicio	Analiza hechos desde distintas perspectivas con apertura		
Claridad argumentativa	Ideas organizadas, justificadas y coherentes		
Uso de evidencias	Apoya sus ideas con datos y fuentes relevantes		
Capacidad de contraste	Compara y contrasta distintas posturas sin polarizar		
Reflexión y metacognición	Identifica sus propios sesgos y procesos mentales		
Transparencia en uso de IA	Declara y reflexiona sobre el uso de herramientas de IA		
Subtotal:		_____ / 30 puntos	

DIMENSIÓN 2: CREATIVIDAD

Criterio	Descripción	Puntuación (1 a 5)	Observaciones
Originalidad de la propuesta	Presenta una idea novedosa o inesperada		
Propósito claro	El producto tiene una intención o mensaje definido		
Exploración de herramientas	Usa IA y recursos variados de forma creativa		
Trabajo colaborativo	Participa en procesos empáticos y cocreativos		
Experimentación y riesgo creativo	Asume riesgos y prueba ideas fuera de lo común		
Reflexión del proceso creativo	Analiza su aprendizaje a partir de errores y aciertos		
Subtotal:		_____ / 30 puntos	

DIMENSIÓN 3: CUIDARSE / CURIOSIDAD

Criterio	Descripción	Puntuación (1 a 5)	Observaciones
Conexión personal con el tema	Relata su experiencia de forma auténtica y reflexiva		
Gestión emocional	Identifica emociones y aplica estrategias de regulación		
Motivación y curiosidad	Muestra deseo genuino de aprender y explorar		
Autocuidado digital y uso consciente de IA	Usa IA con responsabilidad y límites sanos		
Creatividad expresiva	Comunica su vivencia mediante recursos originales		
Subtotal:		_____ / 25 puntos	

EVALUACIÓN FINAL

Total general:	_____ / 85 puntos

Valoración integral del proyecto:

_____

_____

_____

_____

_____

Recomendaciones para seguir creciendo:

_____

_____

_____

_____

_____

Nota: Esta rúbrica integra competencias esenciales para el aprendizaje significativo con IA (pensamiento crítico, creatividad y desarrollo emocional). Adaptable a cualquier asignatura y nivel educativo.

ANEXO 2.
ASISTENTE IA INTERACTIVO
(GPT PERSONALIZADO)

Como herramienta complementaria a este manual, se ha desarrollado un Asistente de Inteligencia Artificial (GPT personalizado) entrenado específicamente con el contenido de este libro.

Este asistente está diseñado para facilitar la exploración de los conceptos, herramientas y estrategias aquí discutidas. Puede utilizarlo para:
— Obtener definiciones rápidas de términos clave.
— Pedir resúmenes de secciones o capítulos específicos.
— Explorar la aplicación de herramientas IA en diferentes fases del trabajo académico.
— Formular preguntas sobre principios éticos o pedagógicos.
— Generar ejemplos de *prompts* para tareas específicas (siempre recordando adaptarlos y verificar resultados).

ACCESO AL GPT

Puede interactuar con este asistente en el siguiente enlace:

https://chatgpt.com/g/g-67e838dc94ac8191bb655fd4eb975d28-tfm-con-ia

(Nota: se requiere una cuenta de ChatGPT Plus para acceder a GPTs personalizados).

Recuerde que este GPT es una herramienta de apoyo basada en el contenido de este libro. Al igual que con cualquier IA, es fundamental aplicar el pensamiento crítico, verificar la información crucial y mantener siempre la responsabilidad sobre su propio trabajo académico.

Este libro se terminó de imprimir
el día 23 de agosto de 2025
en los talleres gráficos
de Podiprint
❧